Evaluación Motora en Educación Física Adaptada

INSTITUTO PHORTE EDUCAÇÃO
PHORTE EDITORA

Director-Presidente
Fabio Mazzonetto

Directora Ejecutiva
Vânia M. V. Mazzonetto

Editor Ejecutivo
Tulio Loyelo

Traducción
Mary Hatakeyama

Esta obra es recomendada por el Consejo Editorial de la Phorte Editora Ltda. Para verificar la composición, reglamento y acto constitutivo, consulte www.phorte.com/conselho.

Evaluación Motora en Educación Física Adaptada

Test KTK
2ª Edición revisada y ampliada

José Irineu Gorla
Paulo Ferreira de Araújo
José Luiz Rodrigues

São Paulo, 2010

Evaluación motora en educación física adaptada: test KTK
Copyright © 2007, 2009 by Phorte Editora Ltda.
2ª edición: 2010

Rua Treze de Maio, 596
Bela Vista – São Paulo – SP
CEP: 01327-000 – Brasil
Tel/Fax: (11) 3141-1033
Sitio: www.phorte.com
E-mail: phorte@phorte.com

Ninguna parte de este libro puede ser reproducida o transmitida de cualquier forma o por cualquier medio electrónico, mecánico, fotocopiado, grabado u otro, sin autorización previa por escrito de Phorte Editora Ltda.

CIP-BRASIL. CATALOGAÇÃO-NA-FONTE
SINDICATO NACIONAL DOS EDITORES DE LIVROS, RJ

G682e
2.ed.

Gorla, José Irineu, 1964-
　　Evaluación motora en educación física adaptada: teste KTK / José Irineu Gorla, Paulo Ferreira de Araújo, José Luiz Rodrigues; [traducción Mary Hatakeyama]. - 2.ed. rev. y ampl. - São Paulo: Phorte, 2010.
　　168p.: il.

　　Traducción del: Avaliação motora em educação física adaptada: teste KTK
　　Anexos
　　Incluye bibliografía
　　ISBN 978-85-7655-290-1

　　1. Capacidad motora en niños - Tests. 2. Capacidad motora en deficientes mentales - Tests. 3. Educación física para niños deficientes mentales. I. Araújo, Paulo Ferreira de. II. Rodrigues, José Luiz. III. Título. IV. Título: Teste KTK para deficientes mentales.

10-4499.　　　　　　　　　　CDD: 796.0874
　　　　　　　　　　　　　　　CDU: 796-056.26

08.09.10　21.09.10　　　　　021539

Impreso en Brasil
Printed in Brazil

Dedicatoria

A mi esposa, Josiane, y a mis hijos, Rafaela y Daniel, dedico la alegría y la emoción de este momento, por la comprensión y por el cariño con que me han acompañado a lo largo de mi carrera académica.

Agradezco a mi familia, Padre Irineu, Madre Julia, mi hermana, Maria Helena, mis hermanos, Marcos y Ricardo, parte fundamental de mi desempeño profesional.

José Irineu Gorla

Dedicar es la oportunidad de retribuir la atención recibida, así que, dedico este libro a mi madre, Eva Ferreira Roque, a mi esposa, Adélia Fernanda Pereira Araújo, y a nuestros hijos, Pedro y André Araújo, pues los tengo como puntos de referencia.

Paulo Ferreira de Araújo

Aunque busquemos en la vida el equilibrio en nuestras acciones, tenemos conciencia de que toda producción científica puede provocar un desequilibrio que si no es bien administrado, minimiza nuestra convivencia familiar. Así que, agradezco a mi esposa, Jandira, por su apoyo y comprensión por las ausencias, a mis hijos Fabíola, Vinícius y Rodrigo, a mis nietos, Gabriel, Felipe, Carolina, Rodrigo y Maria Luiza que está a camino, por lo incentivo. Agradezco especialmente a mis padres José y Angelina, por la educación recibida.

José Luiz Rodrigues

Al lanzarse en un vuelo,
No te olvides de tu punto de partida
Este hay que ser tu punto de referencia
En el caso de que tengas que regresar,
Pues hay que volar
Y a veces es necesario volver.

PRESENTACIÓN A LA 1ª EDICIÓN

Es con gran satisfacción que he aceptado la invitación para hacer la presentación de esta obra. Además de gratificado, me siento honrado por la participación, una vez que seguramente este libro llenará espacios en esa área todavía carente y especialmente con relación a verificar, medir, testar y evaluar el ser humano.

Las últimas décadas han sido marcadas por la velocidad y transformación, aspectos que si son mal cuidados pueden, obviamente, causar una repercusión desastrosa.

En los varios segmentos y penetrando los diversos sectores de actividades, hace falta, actualmente, objetividad, clareza de los hechos y búsqueda de los motivos o causas reales que han originado ciertos hechos, que los han impedido o que "simplemente" han disminuido sus efectos. Tener claros esos elementos garante la disminución de los errores y aumenta, así, nuestra posibilidad de acierto.

Atravesando, por lo tanto, todos los sectores de actividades hace falta un diagnostico preciso del problema, situación o evento, capaz de fornecer indicadores para garantizar más éxito en la intervención.

El diagnostico preciso de un problema, situación o evento establece indicadores que posibilitan y aseguran una intervención más criteriosa y bien sucedida, realimentando el ciclo: evaluación/intervención e intervención/reevaluación.

Esas consideraciones fornecen la exacta dimensión del valor y de la complejidad del tema abordado, cuando considerado todo el contexto del evaluar, punto que podemos asegurar, entre tantos otros, que fueron criteriosamente cuidados por los autores.

Me pongo a gusto y tranquilo con la responsabilidad de la presentación e indicación de esta obra y entiendo que tan importante cuanto el producto (libro) es el proceso con que todo el conocimiento fue investigado, reunido y presentado. Proceso que he visto acontecer bien de cerca y de que en algunos momentos formé parte.

Puedo afirmar que tanto la trayectoria del profesor Gorla, del cual tuve la honra de ser orientador durante la maestría, así como la del profesor Paulo Araújo con quien desde más de 25 años comparto deseos, frustraciones y éxitos, dan la credibilidad para abordar el presente tema con el rigor y la técnica necesarios, sin, todavía, desconsiderar que el objeto de esa evaluación es la persona, cuyo desempeño depende de factores que van además de los aspectos físicos y orgánicos.

Otro punto importante que hay que considerar, además del valor intrínseco del instrumento presentado, es la practicidad del mismo, lo que hace su efectiva aplicación muy viable en escuelas, clubes y academias, teniendo en cuenta la acción del profesor, el bajo cuesto y la fácil confección del material que compone el *kit* para el test de coordinación motora.

Para concluir, como apuntado por los autores, además de todos los planteamientos ya hechos, esa obra posibilita y suscita la continuidad de estudios tan necesarios y esperados, envolviendo de manera más amplia el tema Evaluación.

Felicitaciones, por lo tanto, Paulo y Gorla si así me permiten tratarlos, como amigos/hermanos, por brindaren la Educación Física y en "especial" el área del estudio de la Educación Física Adaptada con esta importante obra que seguramente dentro del tema propuesto ayuda en la construcción del conocimiento, forneciendo indicadores para que la Educación Física como un todo reencuentre sus valores reales.

Alineados a las ideas de los autores, entendemos que esta obra retrata los deseos y enseñanzas de Yssekdyke: "Bien evaluar para bien intervenir".

Profesor Dr. José Luíz Rodrigues
Docente del Curso de Especialización en Educación Física Adaptada – UNICAMP.
Coordinador del Centro de Habilitação e Treinamento Profissional e Transição para a Vida Adulta, de la Associação de Reabilitação Infantil Limeirense – ARIL.

Presentación a la 2ª edición

La segunda edición del libro *Evaluación Motora en Educación Física Adaptada*, enriquecida en relación a la primera, revela la madurez académica de sus autores en, incansablemente, ofrecer informaciones con bases científicas en un área tan escasa en material de esta calidad.

De hecho, eso revela la continuidad de esfuerzos a favor del crecimiento de las posibilidades de intervención segura, consistente y confiable, delante del contenido inicialmente viabilizado en 2007, tan importante que en poco tiempo se ha agotado la primera edición.

Teniendo como origen la tesis de doctorado de José Irineu Gorla, orientado por Paulo Ferreira de Araújo y, en cuya defensa tuve la honra de no solo estar presente, sino también de participar como miembro titular de la banca, la presente obra muestra la osadía de investigar la capacidad de coordinación corporal en una población especial de personas con deficiencia intelectual.

Bien, si la coordinación corporal puede ser entendida con la interacción armoniosa y económica del sistema músculo-esquelético, del sistema nervioso y del sistema sensorial, de manera a producir equilibrio y precisión en la acción motora, se imagina entonces, estudiar esas capacidades en una grande muestra como fue el caso de la investigación realizada, pero con todas las características que naturalmente dificultan el control de los movimientos de esos sujetos de la muestra.

Así, evaluar la manifestación motora posible, con tanto criterio y rigor científico, lo que ha exigido una fuerte incursión en el análisis estadístico de los datos, ha presentado, afortunadamente, indicadores no solo importantes, sino que también indispensables a los profesionales de esa noble área.

Me permito, en ese ámbito, referir que Kiphard, ya en la década de 1970, da a entender, con mucha propiedad, dos importantes aspectos seguramente considerados por los autores: primero, el ser humano, a pesar de cualquier tipo de limitación, no es completamente descoordinado, sino que puede manifestar una insuficiencia de coordinación importante; segundo, el ambiente puede favorecer o limitar, pues la privación ambiental, según ese autor, reflecte considerables dificultades en la capacidad de coordinación corporal.

Se nota que en el área de la Educación Física y Deportes, muchos han sido idealistas y poseen, por su experiencia y conocimiento, argumentos que no solo justifican, sino que también y, principalmente, atestan la necesidad del área de la Educación Física valorizar la acción junto a la escuela especial, respecto a la metodología de la enseñanza contextualizada y con énfasis en el valor educativo de la explotación del movimiento y del deporte, lo que es esencial para cualquier de los grupo de niños y jóvenes. Entre ellos, Bento, Graça Guedes y Moura e Castro (este último ha actuado fuertemente en el área de la Educación Física Adaptada, en la Universidade do Porto, con ciegos), y aunque Bento y Graça Guedes no hayan actuado en el área especial, han observado ese valor y lo reconocen seguramente.

Además de eso, se observa un gran empeño de los protagonistas (profesores, entrenadores y atletas) por los resultados obtenidos en las Paraolimpíadas, bien superiores a los de los nuestros atletas en los juegos olímpicos.

Al abordar la persona con deficiencia intelectual joven, estudiando con profundidad sus posibilidades y no solo describiendo una cierta situación y, además de eso, encontrando indicadores sólidos, los autores abren espacio y dan apoyo científico a inversiones futuras para la investigación en esa área, ofreciendo parámetros que aseguren nuevas propuestas, envolviendo la evaluación que considera el contexto de esa realidad.

Evidentemente, hay que considerar otros instrumentos condicionados a los factores de aplicación práctica, características de la población y posibilidades de evaluación, intervención y nueva evaluación, pues la ciencia no tiene fronteras y es flexible de acuerdo con la instrumentalización y otras variables puntuales en cada foco de investigación; también de la investigación imprimir la posibilidad de su aplicación en la búsqueda de los reales beneficios.

Finalmente, es importante referir que, al analizar la coordinación motora, evaluar la motricidad de esos sujetos proyectando sus pares y proponiendo una nueva clasificación del test de coordinación corporal KTK, se ha atingido una profundización que constituye un marco que representa un divisor de aguas ya enaltecido por José Luiz Rodríguez, cuando ha hecho la presentación en la oportunidad de la primera edición.

Con la certeza de que la Educación Física Adaptada recibe avances considerables con el presente contenido, recomiendo su utilización como referencial y felicito sus autores por el auxilio que prestan en la construcción del conocimiento de un área tan importante como la Educación Física.

Profesor Dr. Vanildo Rodrigues Pereira
Docente del Departamento de Educación Física
Universidade Estadual de Maringá-UEM.

PREFACIO

La actividad física adaptada se define como un cuerpo de conocimiento multidisciplinar dirigido a la identificación y solución de las diferencias individuales en la actividad física, por lo que identificar y analizar las posibles barreras para el aprendizaje y la participación del alumnado que presenta necesidades educativas especiales debe ser uno de los objetivos de la Educación Física. La enseñanza y el aprendizaje de la Educación Física en las diferentes etapas educativas han de fomentar la adquisición de aquellos conocimientos, habilidades y competencias relacionados con el cuerpo y su actividad motriz, contribuyendo al desarrollo integral de la persona y a la mejora de la cualidad de vida.

Revisando la literatura especializada dedicada a la Educación Física y específicamente a la Adaptada nos encontramos con una gran sequía de textos, si bien si que detectamos sensibilidad e interés, cada vez mayor, entre los profesionales de la Educación Física para desarrollar los programas con alumnos con alguna discapacidad. Desde estas páginas los autores han pretendido aportar a los profesionales de la educación criterios que faciliten la elaboración de actividades que valoren la coordinación motora.

La evaluación en Educación Física ha sido, tradicionalmente, un tema dificultoso de abordar. En el momento actual, en que el currículum competencial se está consolidando cada vez con más fuerza, tenemos una nueva oportunidad de repensar la evaluación en educación física. En los nuevos modelos curriculares se hace hincapié en que responda a una movilización de habilidades prácticas, conocimientos, actitudes y componentes sociales, si bien algunos autores inciden en la capacidad o habilidad para efectuar tareas y hacer frente a situaciones diversas de forma eficaz, en un contexto determinado.

Como referente a la evaluación de competencias en Educación Física tenemos los standards de evaluación identificados por la American Alliance for Health, Physical Education, Recreation and Dance, y en el que destaca que los alumnos deben demostrar competencia en las habilidades motrices y patrones de movimiento requeridos para realizar una variedad de actividades físicas.

A mi entender, el libro que firman los profesores Gorla, Paulo Araujo y Rodrígues contribuye a llenar una laguna bibliográfica sobre evaluación y más específicamente el de la Educación Física Adaptada. En la sociedad actual se hace imprescindible la práctica de la actividad física, pero sobre todo su aprendizaje y valoración como medio de equilibrio psicofísico, como factor de prevención de riesgos derivados del sedentarismo y, también, como alternativa de ocupación del tiempo de ocio. Por ello los profesionales de la educación deben buscar medidas y estrategias que posibiliten criterios en la elaboración de sus actividades, y en este libro encontrarán un valioso instrumento para evaluar la coordinación motora.

Los autores han estructurado la obra en cinco capítulos acompañados de una bibliografía muy extensa, que puede orientarnos sobre la riqueza y rigor científico del trabajo que presentan, y la inclusión de las tablas de referencia para evaluación del test KTK en alumnos de 5 a 14 años. Igualmente el lector encontrará una tabla de evaluación del Test de coordinación corporal para personas con deficiencia intelectual que le orientará sobre la capacidad de coordinación motora de sus alumnos.

En el primer capítulo los autores hacen un breve relato sobre la construcción del test de coordinación motora KTK, presentando diferentes propuestas de estudios de alcance poblacional que han implicado en la utilización del test en Brasil y en otros países. En el segundo capítulo abordan el concepto de coordinación motora y los desórdenes de desarrollo de la coordinación. En el tercer capítulo se analiza la evaluación motora en Educación Física Adaptada, la discapacidad intelectual y los criterios de selección del instrumento de evaluación utilizado. En el cuarto y quinto capítulo se presentan los procedimientos metodológicos empleados en la realización del estudio de medidas antropométricas y el test de coordinación motora KTK, destacando los valores que aportan sobre sujetos portadores de deficiencia intelectual. En estos últimos capítulos describe con detalle los valores de media y desviación estándar de las medidas antropométricas de las personas con deficiencia intelectual, así como la correlaciones de la variables intervinientes, y una descripción suscita de las cuatro tareas de la batería KTK y el modelo de regresión lineal para estimar la coordinación motora en personas con deficiencia intelectual.

Es de destacar que los autores exponen una propuesta no cerrada ya que la evaluación del niño dependerá de su desarrollo. El sistema de desarrollo comporta aspectos genéticos y del ambiente, siendo estos últimos substantivos: cada individuo se inserta en un determinado medio al cual se adapta, con el cual interactúa y, además, siempre que es posible, lo adapta a sus necesidades.

Miguel Ángel Torralba
Profesor de la Universidad de Barcelona.
España

Prefacio a la 2ª edición

Educación Física Adaptada es uno de los campos de la Ciencia de la Actividad Física y del Deporte que ha evolucionado mucho en las últimas décadas. A pesar de esa evolución, nuestra literatura todavía no es suficiente para fundamentar con datos científicos todo el proceso de desarrollo de las actividades practicadas por las personas con deficiencia.

Cabe a nosotros ir en la búsqueda de las medidas y estrategias que posibiliten a los profesionales de esa área más criterios en la elaboración de sus actividades por medio de tests motores, específicamente la coordinación motora.

El contenido de esta segunda edición está estructurado en seis capítulos, descritos a continuación y con la inclusión de la tabla de referencia para evaluación del test KTK en estudiantes de la red regular de enseñanza.

En el primer capítulo se hace un breve relato sobre la construcción del test de coordinación motora KTK y se presentan diferentes propuestas de estudios de alcance poblacional que han implicado en la utilización del test en Brasil y en otros países con el objetivo de desarrollar un análisis respecto a los delineamientos utilizados y las perspectivas cuanto a la generalización de sus resultados. En el segundo capítulo, se examinan y discuten aspectos sobre la evaluación motora y la deficiencia intelectual. En el tercer capítulo, se hace un abordaje respecto a la coordinación motora. En el cuarto capítulo, se presentan los procedimientos metodológicos empleados en la realización del estudio descriptivo. Las cuestiones que se concluye con las características de la población estudiada, la muestra implicada, las medidas y los tests en la colecta de datos son descritas con detalle, buscando alcanzar el más alto nivel de calidad de las informaciones que van a ser analizadas. En el quinto capítulo, analizamos los resultados respecto a los aspectos de la coordinación motora cuanto a la edad y al sexo de la muestra evaluada. En un primer momento, son realizados análisis intersexos para cada ítem observado; en seguida, se notan informaciones de cada ítem en los diferentes grupos etáreos de los niños y adolescentes de ambos los sexos.

En seguida son presentadas propuestas de indicadores referenciales, por medio de modelos matemáticos que puedan ser empleados en futuros análisis, con base en las informaciones obtenidas en la muestra estudiada. Se espera con ese procedimiento atender a una de las necesidades más urgentes del profesor de Educación Física que actúa en las escuelas especiales, que atienden personas con deficiencia intelectual.

De esa manera, se espera que este libro pueda contribuir dentro de las limitaciones de su ámbito, con explicaciones cualitativas y cuantitativas sobre la coordinación corporal en personas con deficiencia intelectual.

José Irineu Gorla
Paulo Ferreira de Araújo

Sumário

Introducción... 19

Capítulo 1
Importancia de los Estudios Poblacionales................ 23

Capítulo 2
Coordinación Motora... 47

Capítulo 3
Evaluación Motora en Educación Física Adaptada....... 77

Capítulo 4
Medidas Antropométricas.. 93

Capítulo 5
El Test de Coordinación Motora KTK
(Körperkoordinationstest für Kinder).....................103

Bibliografía..121

Anexos 139

Introducción

El estudio de grupos poblacionales cuanto a la coordinación motora tiene como foco, en la mayor parte de los casos, la descripción y el análisis de cada uno de sus rasgos. O sea, es realizado desde una perspectiva estrictamente unidimensional.

Tablas referenciales son consideradas medios para que sean utilizados en la evaluación de la coordinación motora global, por la comparación de sus resultados individuales con las normas para su edad y sexo. Así es posible verificar cual es el desempeño que el alumno revela de coordinación motora, adecuada o no a su faja etaria y sexo.

La coordinación corporal entendida como la interacción armoniosa y económica del sistema músculo-esquelético, del sistema nervioso y del sistema sensorial, con el fin de producir acciones motoras precisas y equilibradas y reacciones rápidas adaptadas a la situación exige:

    a) una adecuada medida de fuerza, que determina la amplitud y la velocidad del movimiento;

    b) una adecuada selección de los músculos que influencian la conducción y la orientación del movimiento;

    c) la capacidad de alternar rápidamente entre tensión y relajamiento muscular (Kiphard, 1976).

Los estudios de Kiphard y Schilling (1970 y 1974), y Kiphard (1976) sobre el desarrollo de la coordinación motora y sus insuficiencias en los niños en edad escolar, han llevado a la elaboración de una batería de evaluación de la capacidad de coordinación corporal. De acuerdo con su concepción, han tenido como objetivo examinar una función motora básica que desempeña un papel importante en el desarrollo motor del niño conforme la edad avanza (Kiphard y Schilling, 1974). Después de varios estudios empíricos utilizando el análisis factorial exploratorio como método de análisis de datos, esos autores han identificado un factor designado por coordinación corporal que contenía los cuatro tests actuales de la batería (Körperkoordination Test für Kinder).

La descripción de la coordinación motora para personas con deficiencia intelectual ha sido escasamente estudiada y se encuentran pocas referencias a ese respectoLos estudios de la literatura internacional relacionadas al desarrollo de la coordinación motora en la edad de 5 a 14 años se originan en diferentes países y han sido realizados, en su mayoría, en las décadas de 1970, 1980 y 1990, como Cratty (1969 y 1974); Kiphard y Schilling (1974); Bruininks (1978); Arnheim y Sinclair (1979); Hughes y Riley (1981); Ulrich (1985); Seaman y DePauw (1989); Henderson y Sugden (1992) y Fischer (1995), entre otros (ver Tabla 1.1). Esos estudios tienen las siguientes características:

a) Delineamiento longitudinal o mixto (longitudinal y/o transversal);

b) Una muestra inicial grande (1.234 a 4.689) y al final, menor (298 individuos);

c) La elaboración de tablas referenciales (normas) en porcentuales de las medidas realizadas, de acuerdo con el sexo y la faja etaria.

Se encuentran también investigaciones con delineamiento transversal con respecto al tema, indicadas por Kiphard y Schilling (1974), siendo que la mayoría de ellas tenía como objetivo, según esos autores, la elaboración de tablas referenciales de las variables investigadas.

De acuerdo con la revisión de la literatura realizada, se encuentran muchos estudios referentes a la elaboración de una primera norma referencial de los aspectos de la coordinación motora, sin embargo, no fueron encontrados estudios de esa investigación que verificasen la validad de esas normas para la población en Brasil.

El estudio del perfil de la coordinación motora en niños y adolescentes con deficiencia intelectual y de la influencia de algunos factores del ambiente en los perfiles parece justificarse por dos motivos: el primer reside en la escasez o mismo la inexistencia de datos sobre el perfil de la coordinación motora y el segundo motivo se prende a la posibilidad *a posteriori* de concepción, desarrollo y articulación de programas de Educación Física contextualizados, no objetos de esa investigación, que puedan promover competencias motoras y compensar perfiles considerados como deficitarios, de manera a potencializar las capacidades de cada uno.

Se encuentran enormes dificultades para el análisis de la coordinación motora en individuos con Deficiencia Intelectual (DI). Eso se debe a la instabilidad adaptativa y de control postural presentados por esa población.

También se presume que las actividades motoras de los niños representan uno de los pilares de la competencia motora lo que concretiza un componente fundamental del niño como organismo biológico y se constituye como un factor importante en su cotidiano en diferentes ambientes o medios: casa, escuela, amigos y compañeros, grupos organizados etc. (Malina, 1980).

Es importante, así, desarrollar estudios de la coordinación motora, pues se trata de un dato decisivo, no solo porque es fundamental como soporte para el aprendizaje de un vasto abanico de habilidades, sino que también puede indicar insuficiencias senso-neuro-musculares en la respuesta a situaciones que el ambiente impone (Kiphard, 1976; Meinel y Schnabel, 1984; Schmidt y Wrisberg, 2003).

Si la competencia entendida desde el punto de vista de la coordinación motora es la expresión de un cierto número de capacidades, estas dependen del estado de desarrollo del niño. El sistema de desarrollo comporta aspectos genéticos y del ambiente, siendo estos últimos substantivos: cada individuo se inserta en un determinado medio al cual *se adapta*, con el cual interactúa y, además, siempre que posible, *lo adapta* a sus necesidades.

La perturbación evidente en el sistema postural aumenta mucho la dificultad de seleccionar variables básicas implicadas en el modelo de equilibrio, en la coordinación de los miembros inferiores, en la energía dinámica, en la fuerza, en la velocidad en saltos, en la lateralidad y en la orientación espacio temporal. En el área de la deficiencia intelectual, son raros los estudios en ese sentido y cuando realizados, en general, adoptan observaciones directas y sistemáticas, basadas en criterios predeterminados para el análisis. Esos criterios son tomados de un referencial de los modelos de individuos "normales" o de referencias internacionales.

Hay que tener en mente que la base adaptativa de nivel del individuo "normal" está submetida a una dinámica sistémica diferenciada de la persona con deficiencia intelectual.

La expresión "deficiencia intelectual" emplea una condición de clasificar un determinado grupo de personas incapacitadas. Esas personas, de ninguna manera, constituyen un grupo homogéneo respecto al comportamiento, función intelectual, habilidades físicas, niveles de desarrollo y otras características pertinentes.

A lo largo de los años, las personas con ciertas dificultades intelectuales han recibido distintas denominaciones y rótulos con diversos nombres, tales como: idiota, imbécil, débil-mental, subnormal, entre otros. Muchas denominaciones y rótulos han sido influenciados por diferentes tendencias sociales, por diversas teorías científicas y por diferentes escuelas psicológicas. Términos desvirtuados socialmente, pues son originales de la Psicología y de la Psiquiatría.

A esos términos, se acrecientan algunos adjetivos para mejor determinar las posibilidades educativas y adaptativas del individuo.

Es frecuente la utilización de algunos de esos rótulos, lo que no tiene hecho más que limitar nuestras expectativas docentes y, a su turno, limitar las posibilidades y potencialidades de las personas con deficiencia.

La utilización de las diferentes terminologías para definir una situación obedece a la concepción según la cual cada escuela psicológica tiene respecto a la etiología de la deficiencia intelectual (DI). En las publicaciones extranjeras, tales como la de Seaman y DePauw (1989); Eichstaedt y Lavay (1992); Sherril (1998) y Luckasson et al. (2003), entre otros, aparece el término "retardo mental". En nuestro país, parece ser más frecuente el uso del término deficiencia intelectual.

Desde hace mucho tiempo, se considera que la persona rotulada como deficiente intelectual tiene un futuro incierto. Pero conforme se adquieren mayores conocimientos sobre la naturaleza de esa deficiencia, las prácticas educacionales se perfeccionan.

Una persona con una deficiencia, es decir, de una disminución de adaptabilidad provocada por una pérdida, de carácter permanente, de cierta (s) capacidad (es), presenta diferentes características respecto al desarrollo de su esquema corporal, de la organización espacial, del equilibrio, de la agilidad y de la fuerza, entre otros, que pueden ser consideradas, en algunos casos, patológicas, o sea, que se desarrollan con particularidades y secuencias distintas del desarrollo considerado "normal" y en otros simplemente retrasadas, o sea, cuando se verifica una evolución en todo semejante al desarrollo normal, pero desfasada respecto a la edad cronológica.

La presente búsqueda podrá ser traducida en una contribución para la futura preparación y capacitación de profesionales del área de la Educación Física y de otros que actúan con el movimiento, recordando siempre que actualmente tenemos personas con deficiencias en las escuelas regulares de enseñanza. Así, se puede utilizar los mismos métodos de evaluación e intervención, observando solamente la forma de aplicabilidad e instrucción.

Es importante explicitar que nuestra propuesta de referenciales no se encierra en un modelo cerrado, sino que presenta un material que puede constituirse en parámetro para la investigación de futuras adaptaciones y estudios.

Capítulo 1

Importancia de los Estudios Poblacionales

En este capítulo, se hace inicialmente un abordaje de la importancia y necesidad de levantamientos poblacionales sobre el origen y validación del test de coordinación motora KTK y los estudios envolviendo la utilización de la batería de test.

El conocimiento sobre las variaciones intra e interpoblaciones podrá enriquecer el conocimiento sobre el proceso de desarrollo del niño y del adolescente con deficiencia intelectual.

IMPORTANCIA Y NECESIDAD DE LEVANTAMIENTOS POBLACIONALES

Hay que destacar algunas funciones básicas respecto a la importancia y a la necesidad de levantamientos poblacionales envolviendo variables que busquen evidenciar las características de la coordinación motora en personas con deficiencia intelectual. Una de las más comunes es la oportunidad de detectar posibles diferencias entre el *status* de esa población, así como compararla con otras; o también entre subgrupos de esa misma población.

El conocimiento sobre las posibles variaciones podrá enriquecer el conocimiento sobre el proceso de desarrollo de la coordinación motora de los niños y adolescentes personas con deficiencia intelectual y la relativa importancia de los factores genéticos y moduladores ambientales.

Otra importante aplicación de ese estudio con esas características es la posibilidad de seleccionar informaciones con el objetivo de producir indicadores referenciales realmente confiables y que puedan corresponder a la realidad en que los niños y adolescentes con DI viven.

Por fin, la aplicación de las informaciones obtenidas por medio del desarrollo de levantamientos poblacionales, desde que realizados periódicamente, incluye la monitorización de las alteraciones seculares, pudiendo servir como mecanismo de aferición del impacto de intervenciones específicas con el fin de mejorar la cualidad de vida de la población en cuestión.

En el Cuadro 1.1 se puede observar algunos estudios que presentan levantamientos poblacionales.

Origen del test de coordinación corporal para niños KTK

El Test de Coordinación Corporal para Niños (KTK) ha surgido de un trabajo estrechamente conjunto del Westfälischen Institut für Jugendpsychiatrie und Heilpädagogik Hamm y del Institut für Ärztl. Päd. Jugendhilfe der Philippe-Universität delante de la necesidad de diagnosticar más sutilmente las deficiencias motoras en niños con lesiones cerebrales y/o desvíos comportamentales.

Cuadro 1.1 Estudios que presentan levantamiento poblacional

Estudio	Número	Sexo	Edad	Año	País	Design
Roach y Kephart	297	M/F	Sin límite de edad	1966	Indiana	Test – Re-test
Cratty, B. J.	355 niños "normales"	M/F	4 a 11 años	1969; 1974		Test – Re-test
Cratty, B. J.	38 deficiencia intelectual leve	M/F	5 a 20 años	1969; 1974		Test – Re-test
Cratty, B. J.	113 deficiencia intelectual moderada	M/F	5 a 24 años	1969; 1974		Test – Re-test
Vodola	1.000	M/F	4 a 9 años	1972	Proyecto ACTIVE	Test – Re-test
Gubbay	992	M/F	8 a 12 años	1973; 1975	Australia	No reportada
Kiphard y Schilling	1.283	M/F	4.5 a 14.5	1974	Alemania	Test – Re-test
Bruininks	765	M/F	4.5 a 14.5	1978		Test – Re-test
Vodola	1.000	M/F	4 a 9 años	1978		Test – Re-test
Arnheim y Sinclair	1.563 (varias etnias, cultural, social y económica)	M/F	5.5 a 12	1979		Test – Re-test
Hughes Y Riley	1.260	M/F	5.5 a 12.5	1981	U.S.A (Denver – Colorado)	Test – Re-test

Continúa

Continuación

Estudio	Número	Sexo	Edad	Año	País	Design
Folio y Fewell	617	M/F	Nacimiento hasta 6 años y 11 meses	1983	U.S.A	Test – Re-test
Ulrich	909	M/F	3 a 10	1985	U.S.A	Test – Re-test
Werder y Bruininks	281	M/F	2 a 12 años	1988	U.S.A	Interra-ter
Gans el al.	206	M/F	Todas las edades/ deficiencia	1988		
Ayres	1.997	M/F	4 a 8 años	1989	U.S.A	
Seaman y De Pauw	2.100 siendo 2% con deficiencia	M/F	5 a 12	1989	U.S.A (California)	No reportada
Henderson Y Sugden	298	M/F	5 a 11	1992	U.S.A	Test – Re-test
Henderson Y Sugden	1.234	M/F	4 a 12	1992	U.S.A	Test – Re-test
Haley el al.	412	M/F	0.5 a 7.5	1992	U.S.A	Between inter-viwers
Fischer	909	M/F	3 a 10	1995		

El histórico del desarrollo del test KTK ha sido traducido de *Motopädagogik*, de Kiphard (s.a.), y ha ocurrido durante cinco años de estudios en diversos estadios, con apoyo de la Sociedad Alemana de Apoyo a la Investigación.

En la búsqueda de un procedimiento motor consistente y confiable, Hünnekens, Kiphard y Kesselmann (1967) han presentado el *Hammer Geschicklich-Keitstest* (Test Hammer de Habilidades). Ese primer tipo de test, construido en la forma de una escala nominal, no posibilitaba, sin embargo, una diferenciación suficiente dentro de cada faja etaria de los 5 a los 8 años. En los años de 1968 a 1972, se realizó una amplia revisión hecha por Kiphard y Schilling (1974), de acuerdo con los puntos de vista de las modernas teorías de tests. Con eso, se abandonó el principio de la dificultad de la tarea relacionado a la edad (medido por conseguir o no conseguir) y, a contrapelo, se ha asumido una diferenciación cuantitativa del máximo de rendimiento dentro de cada tarea.

Con la concepción de un nuevo test, se ha obtenido el rendimiento máximo del testando por la constante repetición de las tareas con dificultad creciente, por medio de una evaluación por puntos o por el recuento de las repeticiones por unidad de tiempo, en el Test de Coordinación Corporal para Niños (*Hamm-Marburger Körperkoordinationtest für Kinder Hamm-Marburger* - MHKTK), presentado por Kiphard y Schilling (1970). Por la elevación de la dificultad de las tareas ha sido posible ampliar el test de 8 para 12 años, pudiendo, posteriormente, ser extendido hasta los 14 años.

La concepción final del test ha sido publicada en 1974 en Weinhein (Beltz-Verlag) y está basada en la normatización (n. 1.228) de 1973-74, organizada por Schilling.

Los estudios de Kiphard y Schilling (1970, 1974) y Kiphard (1976), sobre el desarrollo de la coordinación motora y sus insuficiencias en los niños en edad escolar, han llevado a la elaboración de una batería de evaluación de la capacidad de coordinación corporal. Con ella, los autores han examinado una función motora básica, la cual desempeña un papel importante en el desarrollo motor del niño conforme la edad avanza. Después de varios estudios empíricos de esos autores, usando el análisis factorial exploratorio como método estadístico de análisis de datos, se identificó un factor designado por la coordinación corporal que contenía los cuatro tests actuales de la batería KTK.

El test actual lleva alrededor de 10 a 15 minutos para ser administrado y tiene que ser realizado en un salón de aproximadamente 4x5 metros. El test ha evolucionado del test de Oseretsky (Figura 1.1) por la facilidad de su aplicación, o sea, envolviendo todos los aspectos de coordinación corporal, que tiene como componente el equilibrio, el ritmo, la lateralidad, la velocidad y la agilidad que son distribuidos en cuatro tareas.

Con base en el conocimiento de esa evolución, la cual presupone desde luego una fuerte consistencia del test se hace, a continuación, un abordaje sobre su validación.

VALIDACIÓN DEL TEST KTK

El examen de los criterios de validez del test hecha con el objetivo de normatización ha resultado en un $rtt = 0.80 - 0.96$ (*sic*), en valores al retest de confiabilidad para los valores brutos de puntuación. La validad importaba en investigaciones anteriores referentes a los criterios de lesiones cerebrales, en un coeficiente de $r = 0.70$, alcanzando, con relación a los LOS KF18 (escala de Lincoln-Oseretzki modificada por Eggert), valores entre r = 0.50 e 0.60 (N = 20 alumnos de escuela pública) (Kiphard, s.a.).

Una objetividad suficiente de realización y evaluación de ese test es ampliamente facultada por la indicación determinada y por la planifi-

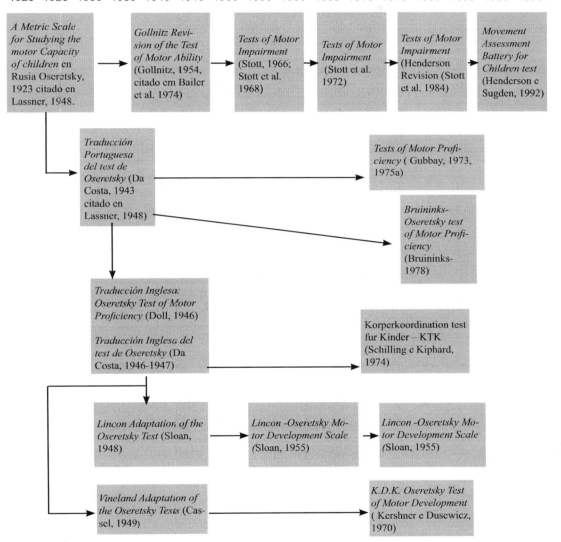

Figura 1.1 Esquema del surgimiento del test KTK desde el test de Oseretsky.
Fuente: Burton y Miller (1998).

cación de las tentativas. Sin embargo, como el comportamiento externo del aplicador puede, según experiencias, tener gran importancia, es asegurado a él motivar adecuadamente el niño para el rendimiento del test.

En el proyecto piloto de normatización (n=1228), se han verificado algunas diferencias relacionadas al sexo en algunas fajas etarias, en las tareas de los saltos monopedales y saltos laterales. Por esa razón, han sido construidas tablas normativas por sexo para todas las fajas etarias en esas dos tareas (Kiphard, s.a.).

Existen normas de edad en la forma de valores del Cociente Motor General (CMG) para niños de 5 a 14 años y 11 meses, que son análogos a los valores del Cociente de Inteligencia (CI) con una dispersión de 15 alrededor de los valores medios de CMG de 100.

El intervalo de confianza alcanzado importa alrededor de 9.3 valores de CMG. Eso significa que el valor real de CMG se sitúa en 5% de probabilidad de error en el área de aproximadamente 9.3 valores alrededor del obtenido. Un CMG abajo de 85 muestra simplemente la existencia de alguna debilidad o algo que llama la atención en la coordinación de movimiento, siendo que solamente con valores abajo o igual a 70 es que se puede pensar en perturbaciones de coordinación en el sentido de existencia de modelo patológico de movimiento.

Ese test posee una confiabilidad individual de 0.65 a 0.87, quedando, sin embargo, con una confiabilidad total de 0.90 (Kiphard y Schilling, 1976), lo que demuestra credibilidad para su aplicación.

Estudios envolviendo la utilización del Test KTK

Desde la publicación del manual del test KTK, por Kiphard y Schilling (1974), algunos estudios e investigaciones han sido realizados con el objetivo de verificar los criterios de autenticidad científica de un test, o sea, validad, confiabilidad, objetividad, modelo y normatización. Los estudios con el test KTK han sido utilizados como instrumentos para obtener informaciones de variables de las capacidades motoras globales para estructurar programas de Educación Física y verificar la validad con otros tests.

El estudio de Giacomini (1985) ha tenido como objetivo demostrar que la Educación Física (disciplina curricular en todas las series de la enseñanza fundamental), basada en los principios de la educación psicomotora, puede contribuir para el desarrollo de las condiciones básicas expuestas para el inicio del proceso de alfabetización en niños con deficiencia intelectual educable. Se buscó verificar el efecto de actividades motoras sobre:

      a) la evolución de la madurez para leer y escribir;
      b) los aspectos cognitivos y psicomotores evaluados por el test ABC;
      c) la coordinación motora general por el test KTK;
      d) el rendimiento escolar.

Han integrado ese estudio 64 niños de ambos los sexos (20 niñas y 44 niños), en la faja etaria de 7 a 13 años y 10 meses de edad, todos clasificados como deficientes intelectuales educables, que han formado en el estudio dos grupos: un experimental (32) y otro de control (32). Los resultados han indicado que el programa de actividades motoras sistematizadas, basado en los principios fundamentales de la educación psicomotora, ha sido eficiente en el sentido de contribuir para mejorar las condiciones básicas exigidas en la preparación inicial del niño deficiente intelectual educable para la alfabetización.

Las investigaciones de Rapp y Schoder (1972), realizadas con niños y jóvenes saludables y con lesiones cerebrales (N = 43) han mostrado que también las personas portadoras de deficiencia intelectual mejoran sus rendimientos de coordinación motora en las tareas del KTK con el paso de la edad. En ese estudio, sus curvas han mostrado un aumento vertical inesperado en el desarrollo motor hasta la edad de 14 años y, en algunos casos, hasta más.

Otro estudio en el cual se utilizó ese test fue el de Lupatini (1986 *apud* Silva, 1989) que buscó observar si el equilibrio corporal entre 10 niños y 19 niñas de 6 a 8 años se desarrollaba diferencialmente después de un programa específico de Educación Física en una escuela pública de la ciudad de Águas de Chapecó – SC. Se ha verificado que hubo una mejora significativa tanto en el equilibrio como en la coordinación motora amplia de ambos los grupos. Sin embargo, no hubo diferencia significativa en la comparación entre niños y niñas en la faja etaria de 6 a 7 años.

Esa misma autora ha desarrollado otro estudio que tenía como objetivo detectar la faja etaria de mayor desarrollo de la coordinación motora amplia (gruesa) de niños del sexo masculino y femenino, en las edades de 7 a 10 años, bien como verificar si existen diferencias significativas entre los grados de coordinación motora amplia por sexo y edad. La muestra se ha constituido de 1.000 estudiantes (500 del sexo masculino y 500 del sexo femenino) y evaluados por el test KTK. Los resultados han revelado una superioridad del Cociente Motor General (CMG) en el sexo masculino, con excepción de la edad de 8 años que ha sido superior en el sexo femenino.

Bianchetti y Pereira (1994) han realizado un análisis de la contribución de un programa de actividades físicas en el desarrollo de la coordinación corporal de niños deficientes auditivos, de 7 a 9 años de edad. La muestra se constituyó de 8 niños deficientes auditivos, de ambos los sexos, de la Associação Norte Paranaense de Áudio Comunicação Infantil (ANPACIM), en la ciudad de Maringá – PR. Se aplicó al grupo un programa específico (36 sesiones), con base en la teoría de la variabilidad práctica (Clifton, 1985). Como instrumento de medida para evaluar la situación inicial y final de la capacidad de coordinación corporal (pre y post test), se utilizó el test KTK. De acuerdo con los resultados, se verificó una confiabilidad de 95% como diferencia significativa favorable con respecto a la hipótesis, confirmándola, por lo tanto, al nivel de $p<0.05$. El estudio sugiere nuevas investigaciones comparativas y el abordaje de otras variables pertinentes.

Un estudio desarrollado por Pereira, Sobral y Coelho e Silva (1997), ha revelado que niños de 6 a 10 años de edad, de una región urbano-rural, han obtenido resultados superiores (significativos) en tres de las cuatro tareas del test KTK, sobre niños de una región urbana, verticalizada (apartamentos) y densamente habitada, con espacios exiguos o sin espacios para jugar.

Smits-Engelsman, Henderson y Michels (1998) han realizado un estudios para verificar la relación entre el test KTK y la Batería de Evaluación de Movimiento para Niños (M-ABC), de Henderson y Sugden (1992). Los sujetos del estudio han sido 208 niños holandeses de escuelas populares.

Específicamente en Europa, el test comúnmente usado para la misma propuesta es el KTK. Los objetivos de ese estudio han sido:

a) tener una visión preliminar de la conveniencia de las normas publicadas de esos dos tests para usarlos con niños holandeses;
b) examinar las correlaciones entre las puntuaciones alcanzadas en los dos tests;
c) examinar la concordancia entre los tests en detectar casos de debilidad entre niños que se creía pobremente coordinados.

Los resultados han sugerido que las normas corrientes para el M-ABC son satisfactorias para niños holandeses, pero para el KTK, algunos ajustes son necesarios. La correlación total entre los dos tests fue de 0.62. Aunque haya habido niños que fallaron en un test y pasaron para otro, el grado de concordancia entre los tests ha sido estadísticamente significativo.

Santos et al. (1999) han buscado evaluar el nivel de desarrollo de la coordinación motora en un grupo de siete niños con deficiencia intelectual leve, moderada y severa y no portadoras de deficiencia intelectual, inscritas en el proyecto de extensión *Ginástica Olímpica - Esporte de Base*, desarrollado en el área de Gimnasia Olímpica del Centro de Educação Física e Desportos de la Universidade Estadual de Londrina. La faja etaria de los participantes (niños y niñas) ha sido de 5 a 9 años de edad. Para verificar los efectos de las actividades de gimnasia olímpica sobre la coordinación motora de los participantes, han sido colectados datos utilizándose el test KTK, antes y después de la intervención. El proceso metodológico utilizado en las clases se ha constituido de actividades lúdicas y en circuito, de manera a garantizar mayores niveles de participación y vivencia del aprendizaje. El grupo obtuvo en la primera evaluación un coeficiente motor regular. Después de la intervención, en el re-test, el coeficiente motor ha mostrado un índice normal. Se ha verificado, de esa manera, que la práctica de la gimnasia olímpica, dentro de la propuesta de trabajo, ha influenciado en la mejora del desarrollo de la coordinación motora de los participantes.

Fernandes (1999) ha realizado un estudio con el objetivo de comparar y diagnosticar el desempeño motor coordinado de 110 niños de escuelas regulares. Como instrumentos, han sido utilizados el test KTK y una entrevista semi-estructurada, conteniendo datos relativos a la identificación, inserción habitacional en la escuela, clubes y asociaciones. Los análisis han revelado un predominio de clasificación normal para ambas las escuelas, con superioridad para el sexo masculino.

Gorla et al. (2000) han realizado un estudio de revisión, con el objetivo de obtener mayor comprensión y entendimiento respecto a la evaluación motora en personas con deficiencia intelectual, específicamente sobre el Test de Coordinación Corporal (KTK). Han buscado identificar los métodos como posibilidades de evaluación y, en seguida, presentaron el referido test como instrumento de evaluación. Con base en las informaciones consultadas, se verificó la importancia de la evaluación en personas con deficiencia intelectual, teniendo en cuenta que su papel y necesidad se muestran una constante en la enseñanza-aprendizaje, haciendo ese procedimiento continuo en el proceso educacional.

En estudio con individuos con deficiencia intelectual en la faja etaria comprendida entre 6 a 11 años de edad cronológica, Gorla (2001) ha desarrollado un Programa de Educación Física Específico (PEFE) durante un periodo de 23 sesiones. Para los análisis de la coordinación motora global, se ha realizado el test KTK y, para comparar los índices de coordinación motora global, ha utilizado las tablas normativas de Kiphard y Schilling (1974). En ese estudio, todos los sujetos han tenido progreso en la coordinación corporal total, sin embargo, algunas características individuales como déficit de atención, ansiedad, distracción y timidez, han contribuido para un desempeño no satisfactorio en algunas tareas. Esos datos muestran que el programa de Educación Física Orientado ha ejercido en los sujetos del estudio (con deficiencia) mejora o progreso en la coordinación corporal, sugiriendo, sin embargo, la necesidad de profundizar los estudios en cada una de las variables en una muestra más amplia de esa población.

Silva y Ferreira (2001) han realizado un estudio que ha tenido como objetivo verificar, por medio de la aplicación del test KTK, los niveles de coordinación motora de nueve niños de 6 a 10 años con Síndrome de Down. La metodología de trabajo ha consistido en un pre y un post test para coordinación corporal. Los resultados han indicado que la aplicación de un programa diferenciado de actividades físicas ha producido una mejora significativa en el desarrollo motor de 78% de los sujetos. Han concluido que actividades físicas específicas con niños con Síndrome de Down muestran mejora en la coordinación en toda su extensión, afectando el desarrollo físico.

Lopes y Maia (1997) han analizado la magnitud del cambio en la expresión de la capacidad de coordinación motora corporal en niños de 8 años de edad que han sido submetidos a dos programas de enseñanza y a dos frecuencias lectivas semanales a lo largo de un trimestre lectivo. El primer programa de enseñanza ha constituido en el bloque juegos del programa oficial del primer ciclo de la enseñaza básica; el segundo programa ha constituido una unidad didáctica que tenía como base el baloncesto. La capacidad de coordinación corporal ha sido evaluada usándose la batería del test KTK. Se verificó que hubo mejora en todos los grupos. El programa oficial ha tenido más efecto sobre la mejora en los ítems de los saltos laterales. Con relación a la frecuencia semanal, no es posible sacar conclusiones, pues los efectos de los dos niveles de frecuencia son distintos en los dos ítems en los cuales ese factor ha tenido influencia significativa (saltos laterales y transposición lateral).

Zaichkowsky, Zaichkowsky y Martinek (1978) han analizado los efectos de un programa de actividades físicas sobre la coordinación motora en 229 niños de 7 a 2 años de edad. La muestra ha sido dividida en grupo experimental y de control. Al grupo experimental han sido impartidas clases de Educación Física de 50 minutos, una vez a la semana, a lo largo de 24 semanas. El grupo experimental ha obtenido mejores resultados que el grupo de control. Se verificó que los resultados mejoran con el aumento de la edad. Los mismos autores indican que la participación en actividades físicas organizadas tiene efectos positivos en el desarrollo de la coordinación en niños de 7 a 11-12 años aunque con solamente una sesión semanal.

Leurs et al. (2002) han analizado los efectos de un programa de entrenamiento psicomotor en 38 niños con enfermedad cardíaca congénita, a lo largo de ocho meses, con una sesión semanal de una hora y treinta minutos. Han utilizado la batería KTK para evaluar la capacidad de coordinación corporal antes y después de la aplicación del programa. En el pre test, han encontrado déficits de coordinación en 63% de los niños. Después de la aplicación del programa, el cociente motor (resultado global de la batería KTK) ha aumentado significativamente. En el post test, 71% de los niños pudieron ser clasificados según un desarrollo de la coordinación normal. Los resultados de ese estudio enfatizan la importancia de programas especiales de entrenamiento/instrucción en niños con necesidades específicas.

Willimczik (1980), en un estudio longitudinal (6-7 a los 10 años y 7 meses), ha verificado que los resultados contradecían el modelo de desarrollo indicado por Kiphard y Schilling (1974), en dos aspectos. Primero, no fueron encontradas diferencias significativas entre los sexos en los cinco momentos de evaluación y, segundo, se encontró una interacción significativa entre el factor tiempo y el género sexual. De esa manera, se hay que asumir un modelo de desarrollo específico de cada sexo y no un modelo de desarrollo invariante. Esa especificidad fue demostrada por el hecho de que los niños que tenían resultados inferiores a las niñas a los 6 años y 6 meses han obtenido resultados mejores que las niñas a los 8 años y 6 meses.

Andrade (1996) ha realizado un levantamiento de los niveles de coordinación motora con 315 niños de ambos los sexos en la región autónoma de Madeira-Portugal, comparando los diferentes grupos etarios en cada género sexual. Se verificó que solamente a los 9 años de edad existen diferencias significativas entre niños y niñas en los niveles de desempeño en solamente dos tests (equilibrio a la retaguardia y saltos laterales). Se constató que el desempeño era siempre superior en los grupos etarios de edad más avanzada relativamente a los de edad más baja, de acuerdo con lo que ya habían verificado Kiphard y Schilling (1974).

Con el objetivo de caracterizar los niveles de coordinación motora de los niños de dos regiones de Matosinhos-Portugal (Matosinhos y Lavras), Gomes (1996) ha evaluado 420 niños de ambos los sexos en los intervalos etarios de 8 a 10 años. Se constató que el desempeño, en general, mejora con la edad en ambos los sexos. Sin embargo, a los 9 años de edad ha verificado, por medio del análisis de la función discriminante, que un gran porcentaje era reclasificado en el grupo etario de 8 años. Cuando comparó los resultados de la muestra con los resultados de otros estudios, por ejemplo, de Kiphard y Schilling (1974), constató que los niños de Matosinhos presentaban desempeños inferiores.

Mota (1991) ha realizado un estudio en el cual ha sujetado un grupo experimental a un programa de clases suplementares durante un año lectivo, en un total de 56 clases de 50 minutos. El programa de clases suplementares tenía como objetivo la compensación de las insuficiencias de naturaleza postural, coordinativa y orgánica. La evaluación de la capacidad de coordinación corporal fue realizada por medio de la batería de tests KTK.

Al final del año lectivo, se registró una mejora generalizada del grupo experimental, especialmente en la tarea de equilibrio a la retaguardia

Graf et al. (2004) han evaluado 668 niños, entre edades de 6 a 8 años, del proyecto Children's Health Interventional Trial (CHILT), con el objetivo de correlacionar el Índice de Masa Corporal (IMC), hábitos de recreación (tiempo de ocio) y habilidades motoras en niños. De esos 668 niños, 51% eran del sexo masculino y 49% del sexo femenino. Se aplicó un cuestionario a los padres para determinar las cuestiones relacionadas a la recreación y actividades físicas, tests antropométricos (peso y estatura) para determinar el IMC, la batería de tests de coordinación motora KTK, además de un test de carrera de 6 minutos. Los niños tenían 6.70 ± 0.42 años de edad, 122.72 ± 0.56 m de altura y pesaban 24.47 ± 4.59 kg., el promedio de IMC fue de 16.17 ± 2.27 kg/m2. El KTK ha mostrado una media de Cuociente Motor (CM) de 93.49 ± 15.01, la carrera de 6 minutos un promedio de 835.24 ± 110.87 m. Ambos los tests han sido correlacionados inversamente con el IMC (KTK e IMC r = -0.164 ($p<0.001$); carrera de 6 minutos e IMC r = -0.201 ($p<0.001$); el grupo de los niños obesos/con sobrepeso ha mostrado resultados inferiores que el de las normales/abajo del peso aún después del ajuste para género y edad (en cada caso, $p<0.001$). Los niños con las mayores extensiones de ejercicios han adquirido el más elevado CM (p = 0.035).

Los resultados han mostrado un bajo desarrollo de la coordinación motora cuando asociados con la obesidad y con el sobrepeso corporal. Por otro lado, un estilo de vida activo está positivamente correlacionado con un mejor desempeño motor.

Hebestreit et al. (2003) han realizado un estudio con el objetivo de determinar la relación entre la Circunferencia de la Cabeza (CC) y el desempeño motor en niños de 6 a 12 años nacidos prematuramente (PRE: peso de nacimiento < o = 1500 g, edad gestacional < o = 32 semanas) y en niños nacidos en el Tiempo Correcto (TC). Un total de 33 sujetos, siendo 21 niñas y 12 niños, han participado del estudio. Todos los sujetos eran originarios de Alemania. Los niños fueron examinados por un neuropediatra y la coordinación corporal total fue evaluada por la batería del test KTK. El pico de desempeño del ejercicio fue determinado pelo Wintage Test e incrementado con un test de ciclismo para fadiga volitiva. El total de gasto de oxígeno en el ciclismo fue medido durante cuatro diferentes tareas de resistencia de 5 a 7 minutos cada una. Los niños pedaleaban en una intensidad correspondiente de 30 a 60% del pico de ingestión de oxígeno [OV 0312]O(2 pico) en un ritmo de 36 a 76 rpm, respectivamente. Los prematuros con pequeña circunferencia de cabeza no han demostrado diferencia estadísticamente significativa en su examen neurológico y el test de coordinación motora, comparada con prematuros con circunferencia de cabeza normal. El test de desempeño Wingate y [OV 0312]O(2 pico) relativo para masa corpórea fueron semejantes entre todos. Solamente en los sujetos con circunferencia de cabeza pequeña el consumo de oxígeno ha aumentado significativamente ($p < 0.05$), cuando se aumentó el ritmo de 36 para 76 rpm.

El la edad de 6 a 12 años, los sujetos con circunferencia de cabeza pequeña tienen un mayor consumo de oxígeno en tareas de ejercicio de ciclismo de alta velocidad, lo que puede ser explicado, por lo menos en parte, por un control neural debilitado de coordinación intra e intermuscular.

Neuhauser (1975) ha relatado la importancia de los registros y juzgamiento de la conducta (psico) motora como herramientas en la diagnosis de desarrollo y neuropediatría. Durante la niñez, el curso de desarrollo de varias funciones motoras tiene que ser registrado y las alteraciones de movimientos espontáneos o provocados tienen que ser evaluadas por evaluación neuropediátrica. El conocimiento actual sobre mecanismos neurofisiológicos fundamentales es escaso, por esa razón, en el estadio de colecta de datos, es esencial colectar informaciones sobre el fenómeno motor por medio de una evaluación válida y comprensiva de las habilidades motoras y modelos de movimientos junto con las variables que cambian y que influencian. Métodos motoscópicos son útiles en el registro de las habilidades motoras y modelos de movimientos; sin embargo, los influenciados por errores subjetivos dependen del entrenamiento y experiencia del examinador. Tests fotométricos producen información sobre las funciones coordinativas y habilidades motoras gruesas (por ejemplo, Test de Coordinación Corporal – KTK) o sobre la destreza manual y funciones motoras refinadas (por ejemplo, el "Test de Inserción", de Gleiss). Para un registro objetivo del desempeño motor y, particularmente, para la evaluación del curso de movimientos en el desempeño de tareas motoras son necesarios métodos motográficos (por ejemplo, diadocometria). Los problemas y posibilidades de esos tests (psico) motores son brevemente discutidos. El desarrollo y aplicación de métodos motodiagnósticos todavía se encuentran en un estadio inicial, tanto que conclusiones sobre los mecanismos neurofisiológicos fundamentales tienen que ser delineadas muy cuidadosamente, por ejemplo, en la diagnosis de las llamadas disfunciones cerebrales.

Winneke et al. (1982) han realizado un estudio en niños con concentraciones de plomo en la sangre y en los dientes. Desde una muestra de 458 niños en edad escolar en la ciudad de Duisburg (Alemania), cuyas concentraciones de plomo en los dientes incisivos inferiores han sido medidas (promedios = 4.6 ppm, alcance: 1.4-12.7 ppm)[1], fueron seleccionados dos grupos extremos de 26 niños cada uno (edad media: 8.5 años) con bajas concentraciones de plomo en los dientes. Después de una equiparación de ambos los grupos para la edad, sexo y estado profesional del padre, eses niños fueron testados bajo precauciones de protección doble para desempeño intelectual (German WISC), para integración perceptual-motora (GFT. DCS, Test Benton), y para coordinación motora gruesa (KTK).

Se encontró una importante inferioridad en niños con concentración de plomo en dos tests de integración perceptual-motora. Además de eso, se determinó una reducción casi significativa de $p > 0,01$ de 5 a 7 puntos en el CI de esos niños. Aunque ese estudio piloto haya fornecido alguna evidencia para la asociación entre la exposición al plomo en la niñez y el daño neuropsicológico, esa asociación no puede todavía ser considerada comprobada, porque los efectos observados fueron discretos y confirmados estadísticamente solamente en parte, y también porque hubo una suave predominancia de factores de riesgo perinatales en el grupo con concentraciones de plomo. Hace falta una investigación adicional para esclarecer el resultado.

Según Stieh et al. (1999), muchos factores pueden interferir en el desarrollo motor de niños con problemas cardíacos congénitos. Esos mismos autores han examinado niños entre 5 y 14 años de edad con varios problemas cardíacos congénitos sobre disturbios en el desarrollo motor global y refinado, utilizando tests fotométricos y haciendo una comparación con 30 niños de grupo control de salud. El resultado para el KTK fue significativamente menor en pacientes con problemas cardíacos congénitos

---

[1] PPM es una expresión de medida de concentración en porcentaje o partes por millones (ppm) teniendo como medida microgramos por decilitro (mg/DL), siendo que los valores contaminantes en la Tierra son de más o menos 140 a 400 ppms.

(CM 74.8 +/- 11.7, promedio de desviación estándar, N = 16) y después de cirugía correctiva (CM 81.2 +/- 16.6, N = 25) que en controles (CM 102.8 +/- 11.8, N = 30). No se encontró ninguna relación entre esos resultados y la capacidad de ejercicio cardiopulmonar. En pacientes con problemas cardíacos congénitos cianótica, han estado presentes deficiencias significativas en el desarrollo motor fino antes de la cirugía correctiva (por ejemplo, Zielpunktiertest [dotes] CM 87.7 +/- 9.9 *versus* 106.5 +/- 10.8), pero ya dos años después los resultados alcanzados estuvieron próximos a los valores normales (CM 97.1 +/- 17.0). En contraste, los niños con problemas cardíacos congénitos acianótica han demostrado desarrollo motor global y refinado normales. Esos resultados indican que hipoxemia crónica en la niñez debe ser considerada como una importante causa de los disturbios motores mencionados. Es recomendada la evaluación neurológica precoz de esos niños y fisioterapia motora especializada.

Lesigang y Aletsee (1982) han realizado un estudio con el objetivo de demostrar si un test fotométrico, el KTK, que es corto, estandarizado y fácil de aplicar, puede identificar niños con parálisis cerebral mínima como teniendo bajo Cociente Motor (CM) y niños que son neurologicamente normales como teniendo alto CM. Fueron analizados 192 estudiantes de la escuela especial para niños con disturbios de habla en Viena, tanto con el test motoscópico-neurológico, como con la batería de test KTK. Los niños con un CM mayor o igual a 86 esencialmente (estadísticamente significativo) pertenecían al grupo de los llamados "normales" y niños con CM menor o igual a 85, esencialmente, pertenecían al grupo con diagnóstico de parálisis cerebral mínima. Sin embargo, no fue posible identificar paralisia cerebral mínima en el caso individual con el test fotométrico. Había 29.3% de niños con paralisia cerebral mínima que presentaban un CM normal y 26.9% de los niños con test normal que presentaban un CM menor o igual a 85.

Schenck y Deegener (1978) han evaluado la eficiencia del diagnostico del test KTK en niños que, sobre todo, durante su primero año de edad han sufrido intervenciones neuroquirúrgicas para drenaren subdural. Además de eso, se examinó la influencia de la lesión hemisférica sobre la inteligencia, las señales de equívocos neurológicos y daño físico en la estatura y peso del cuerpo, bien como la preferencia por la utilización de los pies en la realización de tareas motoras.

Los resultados sugieren que la práctica del KTK es suficiente para la detección del daño cerebral en niños.

Schneider (1984) ha realizado un estudio longitudinal de 7.5 semanas con niños del 7º año de la enseñanza fundamental (N = 20), participantes de un programa de educación medicinal en una escuela especial para estudiantes (disartríacos) en Massachusetts (EE.UU.) con una serie de clases de "movimiento creativo". Fue posible demostrar que las clases han promovido mejoras estadísticamente significativas en toda la coordinación corporal de los alumnos evaluados con el test de coordinación corporal KTK (Kiphard y Schilling, 1974). Los resultados obtenidos desde el grupo de control (N = 20), que durante aquel mismo periodo fueron enseñados y tienen practicado *badminton* en clases regulares de deportes, han promovido las mismas ganancias específicas y estadísticamente significativas en la coordinación corporal total. Esas mejoras son atribuidas al estímulo específico adicional para el desarrollo fornecido a los estudiantes disléxicos por las clases de "movimiento creativo" y el deporte de raqueta *badminton* igualmente. Los resultados sostienen la tesis según la cual la formación tardía de la relación hemisférica presente en personas disléxicos y programas de movimientos específicos fornecen estímulo para el desarrollo, lo que influencia en la coordinación total del cuerpo.

Camacho-Araya et al. (1990) han realizado un estudio sobre el test de coordinación motora KTK. Los coeficientes de confiabilidad de 94 para estabilidad y 95 para confiabilidad interna han sido obtenidos en la misma proporción para una versión española del KTK aplicada en 90 niños. Han sido obtenidas interevaluaciones concordantes de 99 cuando punctuando desempeños simultáneamente y 90 en un intervalo de ocho días con 120 niños. Han sido significativas fuentes de variación el sexo, el año escolar, el grupo de niños y el tratamiento.

Johnk et al. (1999) han utilizado métodos cualitativos y cuantitativos para la evaluación de las funciones sensorio-motoras después de una Lesión Cerebral Traumática (LCT). Los aspectos metodológicos han sido ilustrados por un simple caso de estudio de un niño post LCT greve (edad 11 años) en comparación a un grupo de control de salud equiparado por edad (N = 16). La evaluación ha consistido de investigación neurológica, Índice Barthel, Escala Numérica Terver para Evaluación Funcional, Escala de Incapacidad Rappaport (versión modificada), un test de coordinación para niños (KTK), una Escala de Función Motora Piloto, evaluación cuantitativa de los parámetros de la caminada espacio-temporal en una estera y evaluación cinemática y funciones motoras manuales.

Los análisis cuantitativos han revelado dos tipos de desorden motora (genética): lentitud de movimientos y estrategias motoras compensatorias. Escalas-z estandarizadas han mostrado deficiencias que fueron citadas en las habilidades motoras (movimientos manuales: 1.86, caminada [manera de andar]: 1.3). Durante el acompañamiento, se ha notado un fuerte aumento proporcional durante el primero (-0.48 escalas-z) y casi ningún aumento proporcional (-0.03 escalas-z) durante el segundo periodo de intervalo. Escalas clínicas o tests de desarrollos no fueron capaces de documentar el curso de restablecimiento, mientras los tests motores con énfasis especial en los aspectos funcionales, como la evaluación del movimiento cuantitativo, parecieron ser métodos apropiados.

Han concluido que una evaluación suficiente de las funciones sensorio-motoras después de LCT en la niñez requiere un aumento en la uniformidad procesal por un lado y de la combinación de varios métodos cualitativos y cuantitativos por otro lado. Hay que haber una investigación adicional para conectar ambas las pretensiones.

Mjaavatn et al. (2003) han desarrollado un programa de intervención con niños del primero al cuarto año de la enseñanza fundamental y han analizado variables de salud, psicológicas y sociales relacionadas con el estilo de vida y actividad física. La intervención incluía actividad física durante y después de las horas de escuela. Los niños del grupo de intervención eran comparados con niños en dos escuelas de control. La actividad física de los niños era registrada a cada año por relatos de estudiantes y de padres y registros acelerometricos. Todos los niños eran testados a cada año cuanto a las habilidades motoras, masa corpórea, habilidades sociales, autoestima y sociometría. En el primero y cuarto años, los niños eran testados según la gordura corporal (test bioeléctrico), masa ósea, presión sanguínea y lipídicos en la sangre. Las habilidades motoras han sido testadas por medio de la batería de test KTK.

Los niños del estudio estaban significativamente abajo de la norma del test estandarizado por Kiphard y Schilling (1974). Los factores que parecen estar relacionados a las habilidades motoras más elevadas son: caminar para la escuela todos los días, tener hermanos mayores, tener madres con más alto nivel escolar y tener vida al aire libre como parte normal del estilo de vida de la familia. Hay una correlación significativa entre las habilidades motoras y el juzgamiento de los profesores con relación a las habilidades sociales como elecciones de los niños por medio de medidas sociométricas.

Las habilidades de coordinación han sido testadas con dos elementos de *Allgemeiner Sportmotorischer Test für Kinder* (AST). Los resultados son semejantes a la norma alemana de 1985. No hay diferencias entre niños y niñas en IMC. Los niños eran más activos en los recuentos medios del acelerómetro, más bajos en valores de colesterol, pero no han sido encontradas diferencias significativas. Niños altamente activos físicamente tienen presión sanguínea suavemente más baja (no significativo) y masa ósea más elevada que los menos activos. Hubo un porcentaje significativamente más elevado de grasa corporal en las niñas de 6 años de edad comparadas a los niños ($p<0.05$). No han sido encontradas diferencias significativas entre los estudiantes de la escuela de intervención y en las escuelas de control. Las diferencias en el estado y desarrollo parecen estar ligadas al estilo de vida de la familia.

Utilizando la Batería de Evaluación de Movimiento para Niños (M-ABC) para evaluar la habilidad motora de niños, Waelvelde et al. (2004) han investigado 133 niños, entre 7 y 9 años de edad, evaluados con el test M-ABC, un test de agarrar la pelota y dos ítems de la batería de test KTK. Esos dos ítems han sido los saltos laterales y el equilibrio a la retaguardia al caminar de espaldas, que han presentado un coeficiente de correlación muy bueno, según Kiphard y Schilling (1974), siendo respectivamente $r = 0.95$ y $r = 0.80$.

Noventa de esos niños han sido identificados como niños con baja capacidad de agarrar la pelota y 43 han sido niños de desarrollo típico. Ciento siete niños han sido evaluados con la segunda faja de edad del M-ABC (niños de 7 y 8 años de edad) y 26 con la tercera faja de edad (niños con 9 años de edad). Los resultados del análisis de correlación entre el test de agarrar la pelota, las dos tareas de equilibrio dinámico y los ítems correspondientes del M-ABC, han variado de coeficiente de correlación no significativo a altamente significativo de -0.74. Para algunos ítems, la validez concomitante fue establecida, pero otros ítems parecieron menos válidos, probablemente en virtud de la falla de poder discriminatorio. La validez concomitante del recuento de daño total del M-ABC fue confirmada para la segunda faja etaria. Los coeficientes de correlación entre el test de agarrar la pelota, habilidades de equilibrio dinámico y el M-ABC han variado entre -0.72 y -0.76. Hay que interpretar los resultados para la tercera faja etaria con cuidado pues han sido basados solamente en 26 niños.

En el Cuadro 1.2 es posible observar la síntesis de los estudios que han utilizado la batería de tests KTK.

En el caso de la coordinación motora, los estudios de referencia se refieren a poblaciones europeas (alemanas y portuguesas) y son discutidos resultados evaluados por el mismo instrumento (KTK), lo que nos permitirá llevar hasta el fin una discusión en términos de perfil, aunque de una manera muy subjetiva. El KTK permite diferentes tipos de presentación y discusión de resultados: por tarea, por la suma de las puntuaciones obtenidas en las cuatro tareas y, además, por el cociente motor, calculado desde la suma de las puntuaciones.

En cualquier de los dominios investigados, las comparaciones son siempre muy limitadas. Requieren cuidados e imponen reservas debido a la variedad de características de las poblaciones (genotipo, condiciones socioeconómicas, culturales y geográficas, niveles de experiencia motora y de entrenamiento, dietas alimentares y el propio clima), de los tipos de muestra utilizados, de la composición de las muestras, de los diferentes equipos y condiciones de test y aún en virtud de la tendencia secular del crecimiento.

Cuadro 1.2 Levantamiento de estudios utilizando el test de coordinación motora - KTK

Autor (es)	Año	Edad (Años)	Muestra	Población / Localidad
Rapp, G.; Schoder, G.	1972		43	Niños y jóvenes saludables y con lesión cerebral
Kiphard, J. E.; Schilling, F.	1974	4.5 a 14.5	1.283	Escolares
Neuhauser, G.	1975			Alemania
Martinek, Zaichkowsky e Cheffers	1977	Alumnos de 1er a 5º grado	600	Escolares

Continúa

Continuación

Autor (es)	Año	Edad (Años)	Muestra	Población / Localidad
Zaichkowsky, L. D.; Zaichkowsky, L. B. e Martinek, T. J.	1978	7 a 12 años	299	Escolares
Willimczik, K.	1980	6.7 a 10.7		Escolares
Winneke, G.; Hrdina, K. G. e Brockhaus, A.	1982		458	Escolares de Duisburg (Alemania)
Giacomini, T. M.	1985	7 a 13 años y 10 meses	64	Escolares (Brasil)
Lupatini	1986	6 a 8 años	38	Escolares
Silva, G. A.	1989	7 a 10 años	1.000	Escolares (Brasil)
Mota, J. A. P. S.	1991	10 y 11 años		Escolares (Portugal)
Bianchetti, L.; Pereira, V. R.	1994	7 a 9 años	08	Deficiencia auditiva (Brasil)
Andrade, M. J. L. A.	1996		315	Escolares (Portugal)
Gomes, P. B.	1996	8 a 10 años	420	Escolares (Portugal)
Pereira, V. R.; Sobral, F. e Silva, M. J. C.	1997	6 a 10 años	493	Escolares (Portugal)
Lopes, V. P; Maia, J. A. R.	1997	8 años	08	Escolares (Portugal)
Lopes, V. P.	1997	9 años	100	Escolares (Portugal)
Smits-Engelsman, B. C. M et al.	1998	5 a 13 años	208	Escolares
Fernandes, L. P.	1999		100	Escolares (Brasil)
Santos, W. et al.	1999	5 a 9 años	07	Deficiencia intelectual (Brasil)
Stieh, J. et al.	1999	5 a 14 años		Enfermedad del corazón congénita (Alemania)
Silva, D. R.; Ferreira, J. S.	2001	6 a 10 años	09	Síndrome de Down (Brasil)
Gorla, J. I.	2001	6 a 11 años	09	Deficiencia intelectual (Brasil)
Leurs et al.	2002	7 a 14 años	38	Enfermedad cardíaca congénita

Continúa

Continuación

Autor (es)	Año	Edad (Años)	Muestra	Población / Localidad
Mjaavatn, P. E. et al.	2003	6 a 9 años		Escolares (Noruega)
Graf, C. et al.	2004	5 a 8 años	668	Escolares (Alemania) Proyecto CHILT
Waelvelde, H. D. et al.	2004	7 a 9 años	1.214	298 de una escuela especial (Bélgica)
Gorla, J.I.	2004	7 a 14 años	236	Deficiencia intelectual (Brasil)

Capítulo 2

Coordinación Motora

Cuando recorremos la literatura de la especialidad, rápidamente percibimos la diversidad que envuelve la expresión coordinación motora, la dificultad de unidad en el abordaje de su concepto y la operacionalización y, además, la pluralidad de formas de su evaluación.

La coordinación motora es uno de los aspectos del comportamiento motor que más dificultades tiene levantado en la identificación de individuos para su evaluación.

El término coordinación es muchas veces confundido o usado como sinónimo de términos como agilidad, destreza, control motor y aún habilidad (Newell, 1985). Esa "confusión", según Gomes (1996) emerge de la diversidad de los ámbitos de investigación (clínicos, psicotécnicos, pedagógicos, etc.), del posicionamiento epistemológico de los autores (cibernéticos, neuro-fisiologistas, psicometristas, entre otros) y también de los modelos de soporte a la investigación (biomecánicos, psicofisiológicos, psicanalíticos). Los aspectos referidos anteriormente realzan la riqueza de encontrar un concepto abierto y consensual, de manera a facilitar su operacionalización y análisis en el nivel de los trazos y características del sujeto, que sean pasibles de mensuración en escalas cualitativas e/o cuantitativas.

Kiphard (1976), autor de trabajos sobre la coordinación motora según una perspectiva pedagógica y reabilitativa, se refiere a aquel concepto como interacción harmoniosa y económica senso-neuro-muscular, con en fin reproducir acciones cinéticas precisas y equilibradas (movimientos voluntarios) y como reacciones rápidas y adaptadas a la situación (movimientos reflejos). Aunque no presente criterios claros, Kiphard (1976, p. 9), enuncia condiciones o características que satisfacen una *buena* coordinación motora:

> 1. Adecuada medida de fuerza que determina la amplitud y la velocidad del movimiento;
> 2. Adecuada selección de los músculos que influencian la conducción y la orientación del movimiento;
> 3. Capacidad de alternar rápidamente entre tensión y relajación musculares, premisas de toda forma de adaptación motora.

El abordaje de Kiphard y Schilling (1974) es adecuado al contexto del presente estudio, a pesar de que sus investigaciones tengan más de treinta años. De hecho, eses autores son los que más han avanzado en la operacionalización de la coordinación motora.

Según Meinel y Schnabel (1984), la coordinación motora puede tener una perspectiva bajo varios puntos de vista: biomecánico (ordenación de los impulsos de fuerza en una acción motora, ordenación de acontecimientos con relación a dos o más ejes perpendiculares), fisiológico (leyes que regulan los procesos de contracción muscular entre agonistas y antagonistas, bien como los respectivos procesos nerviosos subyacentes), pedagógico (relación ordenada de las fases de un movimiento o de acciones parciales), dando un sentido específico al concepto literal – relación recíproca, ordenar en conjunto.

Bernstein (1967), fisiologista y autor carismático del estudio de la coordinación motora, consideraba la coordinación como una ordenación y organización de varias acciones motoras en función de un objetivo o tarea motora, considerando no solo los grados de libertad del aparato motor, como las fuentes de variabilidad condicionadas al contexto de su realización, bien como la modelación o "sintonización" de las estructuras coordinativas por la información perceptiva.

Según Kelso et al. (1979), autores de estudios en el área del control motor, la coordinación es definida como la función (en el sentido matemático del término) que restringe las potenciales variables libres en una unidad comportamental.

BASE ANATÓMICA PARA LA COMPRENSIÓN DE LA COORDINACIÓN DEL MOVIMIENTO

Se puede, de acuerdo con Kiphard (1977), distinguir como base anatómica para la comprensión de la coordinación del movimiento, dos partes distintas del cerebro (la corteza y la sub-corteza), con tres tipos de funciones motoras:

> 1. *Corteza cerebral* (corteza piramidal motora) es la parte más reciente, siendo el origen de la actividad motora arbitraria y cumple la realización de movimientos aislados. Su principal trayecto es el sistema piramidal que regula la actividad motora conciente (Appel y Stang-Voss, 1986).
> La predominancia inicial de los estímulos sub corticales sobre la inhibición cortical retrocede gradualmente para un estado de equilibrio que permite una economía de la actividad

en función de las necesidades del objetivo principal de las acciones motoras periféricas (Kiphard, 1977).

2. *Sub-corteza* (sub-cortical/extra-piramidal), las causas de las insuficiencias coordinativas deben ser provocadas en el nivel del sistema extra-piramidal, que influencia cualitativamente el movimiento (Appel y Stang-Voss, 1986). Las vías del sistema extra-piramidal, contrariamente al sistema piramidal, son multineurales en su estructura. El sistema extra-piramidal regula la actividad motora inconsciente (autónoma), como, por ejemplo: la respiración y funciones viscerales, bien como regula y coordina la acción del sistema piramidal (Lossow, 1988).

3. *Cerebro* es, paralelamente el sistema extra-piramidal, un importante centro funcional en el sentido de una elevada diferenciación de los acontecimientos de coordinación y adaptación, ya que es él, por su doble relación sensorial y motora, que regula y adecua el desoneamiento de los impulsos musculares dinámicos (Kiphard, 1977). Además de eso, el cerebro tiene un papel importante en el juego de los antagonistas. Antes del inicio del movimiento, eleva un poco el tono muscular agonista que puede, de esa manera, empezar a trabajar más rápidamente.

MODELO TEÓRICO DE LA COORDINACIÓN MOTORA

El modelo semántico de la coordinación motora de Meinel y Schnabel (1984) está basado en modelos cibernéticos y es, probablemente, uno de los más referidos cuando se aborda el tema de la coordinación motora relacionado con las actividades deportivas.

Aún según los mismos autores (1984, p. 6), la presentación de la coordinación motora por un modelo teórico de deducciones de consecuencias para la práctica de ejercicios y entrenamiento parte del siguiente presupuesto: el organismo es "en si mismo un sistema regulador en el más alto grado, que se mantiene a si propio, se recompone, se corrige e incluso se perfecciona". La coordinación motora puede ser así entendida como la conducción de acciones con base en un sistema de regulación.

El modelo teórico de la coordinación motora presentado en la Figura 2.1 se basa en el esquema de bloque del aparato de dirección de movimiento de Bernstein (1967).

En ese modelo, que simplifica los procesos de dirección y regulación motora, la memoria motora desempeña un doble papel: las experiencias motoras anteriores y sus resultados son cuestionados y utilizados al mismo tiempo en que son inscritos nuevos programas y respectivos resultados.

La recepción de la información resulta de los receptores o analizadores sensoriales: propioceptivo, táctil, estático-dinámico (equilibrio), óptico y acústico (Meinel y Schnabel, 1984). Aunque esos cinco analizadores presenten participaciones distintas en el decurso del movimiento (contenido, cantidad y evaluación de las posibles informaciones internas y externas) y en el fin del mismo actúan, de manera general, en estrecha cooperación (Kiphard, 1976; Meinel y Schnabel, 1984).

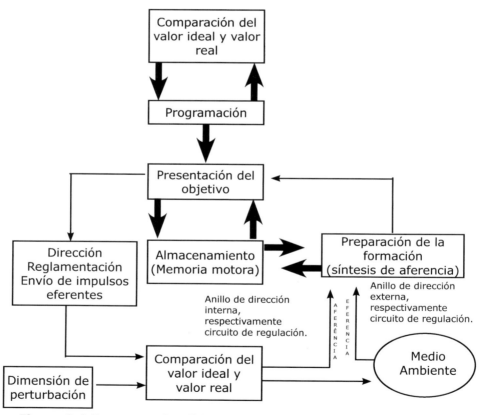

Figura 2.1 Esquema simplificado de la coordinación motora (Meinel y Schnabel, 1984, p. 8).

Liemohn y Knapczyk (1974) han identificado la estructura de la coordinación motora en niños (N = 93; 9 años de edad) que presentaban disfunciones neurológicas mínimas o perturbaciones emocionales. Seleccionadas 21 variables provenientes de varias baterías comúnmente aplicadas en la evaluación de niños con aquellas características, la solución del análisis factorial exploratorio ha aislado ocho factores, cuatro de los cuales han permitido las siguientes designaciones: ritmo, coordinación fina, coordinación general y equilibrio dinámico. Parece obvio que la estructura encontrada reclama una lectura específica, ya que ha sido encontrada en una muestra con características especiales y ha partido de tests considerados como convenientes para evaluar aquellos casos.

Según Hirtz y Schielke (1986), las capacidades coordinativas, determinadas por los procesos de conducción y regulación motora, son una clase de las capacidades motoras (corporales) que, en conjunto con las capacidades condicionales, físicas y las habilidades motoras, se reflejan en la capacidad de rendimiento corporal.

Las capacidades coordinativas permiten al individuo identificar la posición de su cuerpo, o parte de él, en el espacio, la sintonización espacio-temporal de los movimientos, reaccionar prontamente a diversas situaciones, mantenerse en equilibrio, aunque en situaciones dificultadas, o aun realizar gestos con referencia a ritmos predeterminados. De esa manera, las capacidades coordinativas desempeñan un papel primordial en la estructura del movimiento con reflejos en las múltiplas aptitudes necesarias para responder a las exigencias del cotidiano, del trabajo y del deporte (Hirtz y Schielke, 1986; Jung y Vilkner, 1987).

Las primeras evidencias de un desarrollo intelectual normal no son más que manifestaciones motoras. Durante toda la primera niñez, hasta los 3 años, la inteligencia es la función inmediata del desarrollo neuromuscular. Más tarde, la inteligencia y la motricidad se hacen independientes, rompiendo su simbiosis que solamente reaparecerá en los casos de deficiencia intelectual. Ese paralelismo psicomotor revela que un cociente intelectual disminuido corresponde a un rendimiento motriz también deficiente (Costallat, 1985).

Para esa misma autora, la coordinación general necesita de una perfecta armonía del juego muscular, en reposo y en movimiento y no alcanza su desarrollo definitivo sino a los 15 años, lo que facilita su educación progresiva.

En el niño con retraso motor o intelectual, el dominio gradual de sus movimientos depende en gran medida, de la enseñanza que recibe. Un niño con deficiencia, sea del tipo motor que provoca lentitud, o intelectual que inhibe la comprensión no podrá superar los inconvenientes que le ofrecerá una educación de la manera como está organizada actualmente. Para esos niños, el desarrollo de la coordinación deberá ocurrir de manera ordenada durante las etapas del desarrollo que, por su turno, integran la coordinación general.

A ese respecto, se sabe que desde la vida intrauterina, el niño inicia un proceso natural de desarrollo secuencial, del cual forma parte, además de la percepción, la coordinación corporal.

Los estudiosos del área relatan los varios cambios ocurridos durante el desarrollo, visualizados por medio de fases o estadios. Esas particularidades han surgido por influencia de la teoría cognitiva de Jean Piaget, que instituye esas ideas para el desarrollo cognitivo, pero que son semejantes al conferir periodos relativos al desarrollo psicomotor.

Teniendo en cuenta la teoría de los estadios, Gallahue (1982, 1998) y Harrow (1983), entre otros, refieren que el desarrollo se ha caracterizado por algunos principios: el de la universalidad, o sea, todos los individuos pasan por los mismos estadios, pues estos son comunes a toda especie humana; el de la intransitividad, en que los estadios son secuenciales, y el de desarrollo, cuya orden no puede ser alterada, y puede el tiempo de permanencia en cada estadio variar de individuo para individuo y de cultura para cultura y, por fin, el principio de jerarquía, en que el estadio subsecuente incorpora el anterior.

Gonçalves (1997) refiere que muchos modelos han sido propuestos para explicar la secuencia de desarrollo, entre ellos, son citados los de Seaman y Depauw (1982), Gallahue (1982), Harrow (1983), Clark (1993) y Perez Gallardo et al. (1997), siendo que Clark ha identificado seis principales periodos correspondientes a los cambios cualitativos que ocurren en el desarrollo en el decorrer de la vida: periodo reflexivo (del nacimiento hasta aproximadamente dos semanas de vida); periodo preadaptado (que termina aproximadamente hasta un año de vida); periodo de las habilidades motoras fundamentales (que se inicia alrededor del primero año y va hasta aproximadamente 6 o 7 años de edad cronológica); periodo habilidoso (que surge desde los 11 años en algunos niños y va hasta la edad adulta) y periodo de compensación (caracterizado por la necesidad de compensar los cambios en las restricciones del organismo).

Esa secuencia natural sufrirá la influencia del medio y particularmente de las escuelas, que con la oferta de actividades motoras, puede permitir la ejecución coordinada de los movimientos del ser humano, lo que posibilitará la ejecución con economía y armonización (Pereira, 1990).

Según Lee (1984), las sinergias neuromotoras constituyen la base de toda la acción coordinada e intencional, que aparece según el estado de maduración evoluciona, ajustándose, según factores de influencia social y de orientación global y específica, sobre todo, al final de los primeros cuatro años de la enseñanza fundamental. Añade, sin embargo, la necesidad de realizar estudios experimentales que puedan demostrar las causas de los posibles comportamientos irregulares en la respuesta motora.

Según Gallahue (1989), el mayor engaño sobre el concepto de desarrollo de la fase de las habilidades motoras específicas del ser humano sería la noción de que esas habilidades son maturacionalmente determinadas y poco influenciadas por los factores ambientales. Claro que la maduración es un factor importante para el desarrollo, pero no debe ser vista como el único factor. El desarrollo de las habilidades específicas del ser humano es influenciado también por la práctica, por la motivación y por la instrucción, siendo que esos factores también desempeñan un importante papel en el grado en que las habilidades se desarrollan.

Manoel (1988) resalta que el comportamiento motor se vuelve más eficiente con el paso del tiempo, siendo que ese hecho se debe a dos aspectos: la consistencia y la constancia. La consistencia se relaciona a una ganancia en el esquema del movimiento, o sea, en las primeras tentativas ese esquema varía, pero con el tiempo él se vuelve estable. Enseguida, el niño pasa a tener una ganancia de constancia que se relaciona a la capacidad de utilizar ese mismo esquema para las varias situaciones ambientales, que serán diferentes de aquellas en las cuales han sido inicialmente adquiridos, llevando a una equivalencia motora.

Tani et al. (1988), citando Fleishmann y Guilford, se refieren a la posibilidad de que los desempeños superiores sean propiciados por los factores de la maduración, que mejoran la adaptación caracterizada por la reducción de energía utilizada.

La coordinación corporal es influenciada por la captación del estímulo, por medio de mecanismos perceptivos, con cambios que intervienen en el exterior. Pueden, de un lado, dar lugar a actos motores globalmente harmonizados y, de otro, ejecutar movimientos visiblemente excesivos, o entonces pobres e inexpresivos, los cuales parecen exigir esfuerzo, resultando siempre en fracaso (Pereira et al., 1997).

Según Kiphard y Schilling (1974), pueden ser reflejos de privaciones ambientales que provocan la pérdida del dominio psicomotor, demostrado en la presentación de dificultades, aliadas a un comportamiento retraído, tímido o hipercinético, que caracteriza el estado defectuoso de coordinación.

La evidencia de esos dos estados de comportamiento (timidez o retraimiento y también hipercinesia), causan el aparecimiento de disturbios en la coordinación de movimientos para además de otras consecuencias desfavorables a la escolarización y a la convivencia social.

Para Kiphard y Schilling (1974), Singer y Dick (1980), Mitra y Mogos (1982) y Meinel y Schnabel (1984), el análisis de las capacidades físicas y condicionales tales como la fuerza, la velocidad, la flexibilidad y la agilidad, permite establecer una relación con los aspectos perceptivo-coordinativos. Esas capacidades son consideradas como condicionantes de la prestación motora con movimientos coordinados y con más o menos eficiencia. El conjunto de estas capacidades posibilitará la creciente mejora de ejecuciones de los movimientos coordinados.

Jung y Vilkner (1987) han realizado un estudio sobre coordinación en escuelas. Los resultados obtenidos desde los tests realizados han sido considerados significativos e importantes para la organización de los procedimientos pedagógicos que tenían contenidos más atractivos y motivadores, lo que permite más eficacia en sus resultados. Cratty (1976) ha abordado la percepción y el desarrollo motor, destacando que la evolución corporal coincide con los factores cognitivos. La inteligencia es solicitada para una gradual mejora del esquema corporal; ambos se coadunan, ayudándose mutuamente.

Un niño tiene que contar con un ambiente que lo prepare y lo estimule para usar todas sus capacidades y, cuanto más ricas sean las situaciones vividas, mejor será el desarrollo del esquema corporal.

El niño siente necesidad de moverse, siendo que, por medio del ejercicio, ocurre un aumento cualitativo en la coordinación del movimiento, pues el niño que no se ejercita no adquiere la experiencia de movimiento (LaGrange, 1977).

Ese es uno de los varios problemas enfrentados por el niño con deficiencia intelectual. Como se ha visto anteriormente, la falta de oportunidad en el medio en que el niño vive, lleva a una limitación de la exploración de movimientos y, consecuentemente, a una privación en su vivencia motora.

Según Diem y Scholtzmethner (1978), por el ejercicio repetido de un movimiento, se instala un estereotipo motor, que se transforma en movimiento aprendido. Cuanto más variada sea la formación de estereotipos, mayor será la capacidad de movimiento del individuo, o cuanto más temprano y mayor la colección de experiencias motoras, menor será el peligro de deficiencias o insuficiencias de coordinación.

Targa (1973) afirma que la coordinación neuromuscular, o sea, la coordinación de los movimientos, exige un control severo por parte de los centros nerviosos y que la repetición de ese control tenderá a convertir los actos concientes y racionales en actos automáticos, en los cuales la voluntad y el cerebro no tendrán más necesidad de intervenir en su ejecución.

Para Hurtado (1983), los movimientos naturales, cuando bien practicados, permiten modificaciones benéficas, especialmente, al organismo del niño en las áreas cognitiva, afectiva y psicomotora, pues cuando son solicitadas actividades de naturaleza física, creativa, intelectual y social, la estructura del niño se ajusta al esfuerzo físico por medio de la acción muscular, que se traduce en una coordinación motora de gestos y movimientos más equilibrados y bien definidos.

Harter (1981) afirma que niños bien coordinados, que desempeñan tareas motoras con éxito, son los que experimentan sentimientos positivos, tales como: alegría, placer y autocompetencia. Por otro lado, los niños con bajos niveles de coordinación, se caracterizan probablemente, por bajos niveles de percepción de competencia y ansiedad en el dominio físico. Consecuentemente, si los niños evitan actividades que envuelven movimientos, sus experiencias corporales con el medio van a ser limitadas y ya afectarán el desarrollo de su autopercepción.

Algunos clínicos (Harter, 1981; Cratty, 1990; Berger et al., 1997), han afirmado que niños con niveles bajos de coordinación motora reaccionan emocionalmente a sus problemas de movimiento con sentimientos de inferioridad, miedo y ansiedad, resultando en un aislamiento social (Berger et al., 1997). En nivel psicológico, esa situación resultará en niveles bajos de autoconfianza y autoestima, repercutiendo en los aspectos relacionados con la imagen corporal (desarrollo, percepción, satisfacción, entre otros).

Schoemaker y Kalverboer (1994 apud Berger et al., 1997) han comparado grupos de niños con diferentes niveles de coordinación motora. Han verificado que los niños con coordinación débil eran los más introvertidos, tenían dificultades en percibir sus cuerpos y manifestaban menores niveles de competencia social, cuando comparados a los niños con buenos niveles de coordinación motora.

Aun para los mismos autores, niños bien coordinados se desplazan con facilidad, tienen mayor potencialidad para que se envuelvan en un mayor abanico de actividades físicas, adquieren una mayor competencia motora y desarrollo físico, poseen niveles superiores de aptitud para desempeñar las tareas simples del día a día, tienen mejores resultados escolares, son mejores aceptas socialmente, son más confiantes y tienen mejores niveles de autoestima, en comparación a las menos coordinadas.

Flinchum (1981) ha verificado que el éxito en actividades coordinativas contribuye para la mejora del autoconcepto y de la autoimagen. La autora refiere también que los niños que experimentan éxito, alegría, excitación y realización desde el movimiento y las actividades físicas reciben un refuerzo positivo inmediato.

Es en ese ámbito que la Educación Física asume un papel de fundamental importancia, pues representa el ambiente que más propicia la ejecución de movimientos diversos y orientados, lo que puede contribuir significativamente para el desarrollo psicomotor.

Desarrollo de la coordinación corporal

De acuerdo con Wright y Sugden (1996), en estudios realizados con otras baterías de tests motores, desempeños de coordinación pueden interferir en las actividades rutinarias de la vida, como en el trabajo académico, en habilidades motoras tales como escribir, dibujar, manipular y construir, al paso que otras personas tienen dificultades en recreación, juegos de carrera, saltar, lanzar, en el equilibrio, en las orientaciones espaciales y temporales, en la lateralidad, en los deportes y hasta dificultades en la locomoción.

Otra probabilidad sobre ese desempeño de coordinación sería la falta de exploración de movimientos por las personas con deficiencia intelectual. Influencias genéticas y ambientales tienen sido consideradas por otros autores como Krebs (1997), Pereira et al. (1997), Gallahue (2001), entre otros, cuya preocupaciones se centran en el actual estilo de vida de las personas y en las consecuencias que la falta de oportunidades de exploración de los movimientos naturales puede causar.

La estabilidad del equilibrio en marcha sobre la trabe

Según Siegel et al. (apud Pereira, 1990), la evaluación del equilibrio sobre una superficie estrecha tiene sido un parámetro utilizado con base en las variables de coordinación y de estabilidad, por envolver la necesidad del control motor, de la dinámica y de la inhibición del movimiento ajustados a la situación.

Tareas de movimiento que requieren precisión, estabilidad, direccionalidad y equilibrio necesitan de un determinado grado de concentración.

El equilibrio es fundamental para la coordinación motora. Según Raso (1984), un malo equilibrio afecta la construcción del esquema corporal, porque tiene como consecuencia la pérdida de la conciencia de ciertas partes del cuerpo.

Cuanto más defectuoso es el equilibrio, más energía se gasta, resultando en consecuencias psicológicas, como ansiedad e inseguridad.

Muchos autores, como Starosta, Buterfield y Ersing, Jung y Vilkner, Hirtz y Holtz (*apud* Pereira, 1990), preconizaban ser imprescindible la continuidad sistemática y creciente de las actividades para consolidar gradualmente la capacidad de equilibrio.

La información que se retira de las tareas y subtareas motoras del equilibrio traduce, en cierta medida, la integración vestibular y propioceptiva que preside a todos los estados de vigilancia, de alerta y de atención, sin los cuales la actividad psíquica no funciona, porque el control postural envuelve la participación de centros inferiores (medulares), intermediarios (tronco cerebral y cerebelo) y superiores (corteza), siendo que su disfunción interfiere con todo tipo de actividad intelectual, no exclusivamente motora, pero emocional, perceptiva, cognitiva, social y simbólica, entre otros (Fonseca, 1995).

Según Shinngton (*apud* Elmam, 1992, p. 12), "conforme avanza el proceso de integración motora, avanza el desarrollo de las funciones intelectuales".

Para que el organismo aprenda, él tiene primero que ser capaz, por medio de una adecuación energética propia, de ampliar e inhibir estímulos, procesar informaciones y actuar. Sin el dominio postural, el cerebro no aprende, la motricidad no se desarrolla y la actividad simbólica queda erróneamente afectada.

El cerebro tiene que automatizar sus funciones antigravíticas antes de poder procesar informaciones simbólicas. Las adquisiciones posturales son los pré-requisitos de las adquisiciones específicamente humanas, por eso su inconmensurable importancia en el desarrollo cognitivo (Kiphard, 1976).

Autores como Gubbay (1975), McKinlay et al. (1987) y Piek y Edwards (1997) son unánimes en afirmar que niños con problemas de coordinación tienen o podrán tener dificultades en el aprendizaje, problemas emocionales, sociales y de comportamiento.

La energía dinámica de las extremidades inferiores

El modo de evaluar la energía dinámica de las extremidades inferiores tiene evolucionado en las últimas décadas, desde el test de Oseretsky, que proponía saltos sobre una cuerda tendida y elevada a alturas variables de acuerdo con la edad.

Los obstáculos de espuma (bloques sobrepuestos), idealizados por Kiphard y Schilling (1974), parecen más viables para la ejecución de los saltos monopedales, porque no ofrecen peligro al impacto con el aparato, eliminando la posibilidad de caída y el recelo que podrían causar bloqueos psicológicos y aversión a la tarea.

La producción de una cantidad suficiente de impulsos de movimiento debe ser considerada como premisa de cualquier rendimiento cinético cualitativo coordinativo. Si la fuerza desarrollada no es suficiente, la coordinación tiende a fracasar.

En un estudio realizado por Pereira (1990), ese autor refiere que la tarea de saltos monopedales parece haber sido más fácil de ejecutarse; los valores han revelado que en el post test, los grupos han obtenido valores próximos de la puntuación máxima (18 puntos en cada pie en una escala adaptada y diferente de la utilizada en el presente estudio), atingidos por 2 grupos del sexo masculino y 2 grupos del sexo femenino.

Ese autor revela aún que el progreso verificado en los grupos de su estudio han sufrido la influencia de la participación en actividades propuestas, en grupos que han sido estimulados entre el pre y el post test.

Velocidad de movimientos en saltos alternados

La reacción y la energía dinámica son componentes de esa práctica que, según Clifton y Friederici (*apud* Pereira, 1990), es demostrada por la facilidad de ejecución, y puede ser estimulada y mejorada.

Para Kiphard (1976), en la edad de 6 años, se puede esperar un desarrollo considerablemente fluente, pues en la secuencia de movimientos alternados la velocidad será relativamente reducida.

El rendimiento de la coordinación se basa en el aspecto del ritmo, en la fluidez y en la continuidad del movimiento total. De acuerdo con ese autor, el individuo podrá presentar síntomas de insuficiencia de coordinación, en el caso de que ocurran dificultades en esos aspectos.

Velocidad combinada

La tarea de desplazamiento sobre plataformas del test de coordinación corporal ha caracterizado un tipo de evaluación de la velocidad, combinada con un grado elevado de complejidad, pues ha requerido el uso simultaneo de todos los segmentos corporales y la coordinación de la acción de transponer con las manos plataformas que avanzan desde cambios constantes, pasando sucesivamente de una para otra. Además de eso, hay que intentar avanzar el máximo posible en distancia, incluyendo velocidad, que es limitada por el propio uso del aparato, lo que se constituye en desempeño motor condicionado.

La exigencia de la utilización simultanea y veloz de los miembros inferiores y superiores es, según los autores del test, una forma eficiente de verificar la capacidad inicial del individuo y de la posible mejora de su coordinación corporal tras una estimulación motora diversificada durante determinado periodo.

Diferencias comportamentales asociadas

Además de las dificultades de movimientos vistas en niños, hay evidencias de que esos desórdenes son acompañados por dificultades emocionales y sociales, tales como problemas comportamentales (Losse et al., 1991), baja autoestima (Shaw et al., 1982), establecimiento pobre de metas, autoconcepto muy bajo, con una débil inclinación para aceptar responsabilidades y competencia social muy pobre (Kalverboer et al., 1990; Knight et al., 1991).

Kalverboer et al. (1990) han descubierto que niños que han sido rotulados como "inaptos" también han sido frecuentemente considerados como retraídos y submisos. Han percibido también que la falta de confianza de los niños que presentaban los desórdenes de coordinación delante de una actividad envolviendo juegos o deportes, los llevaría a una privación de su participación en esas actividades, teniendo en cuenta las dificultades presentadas.

En ese caso, las dificultades de coordinación pueden constituirse en causas de rechazo de una actividad motora.

Losse et al. (1991) han relatado en sus estudios que los niños que presentaban Desorden de Coordinación (DC) eran frecuentemente tímidos, tenían una concentración pobre y eran más desorganizados en el aula de clase que sus pares bien coordinados.

Henderson et al. (1989) han identificado que niños con dificultades de movimiento no eran realistas en la manera como ellos establecían metas para si mismos, tenían baja autoestima y eran menos susceptibles a aceptar responsabilidades por cualquier cosa que les pudiera pasar.

Schoemaker y Kalverboer (1994) han descubierto que niños con 6-7 años de edad ya presentaban problemas sociales y afectivos. Eran juzgados por sus padres o profesores como siendo introvertidos, más serios, mas inseguros, más aislados y menos felices que sus pares de la misma edad.

Sin embargo, esos factores comportamentales pueden corroborar para una posible explicación de fracaso en la realización de una tarea motora.

Estudios sobre desórdenes de coordinación

Wrigth y Sugden (1996), usando los criterios de la Asociación Psiquiátrica Americana en el "Manual Estadístico y de Diagnostico de Desórdenes de la Salud Mental" (DSM-IV) utilizan el término "desorden de la coordinación" durante el crecimiento para describir niños con un daño relevante en el desarrollo de la coordinación motora que no es explicable por retardo intelectual o un desorden físico conocido.

El diagnostico es hecho solamente si ese daño interfiere en las actividades rutinarias de la vida diaria o con el trabajo académico.

Las manifestaciones de ese desorden han recibido muchos títulos, tales como: "desarrollo descalificado", "dispraxia", "disfunción perceptomotora" y "dificultades de movimiento", con el término "inepto" siendo el más prevalente. La extensión a la que los autores mencionados difieren es un criterio de heterogeneidad de las dificultades experimentadas por esos niños. Parece que el título "desorden de la coordinación durante el crecimiento" es el menos despectivo y, actualmente, el más comúnmente adoptado por autores en esa área, como demuestra la edición especial de la revista *Adapted Physical Activity Quarterly* (1996), que se ha concentrado completamente en investigaciones sobre el desorden de la coordinación durante el crecimiento.

La prevalencia de niños con desorden de la coordinación durante el crecimiento (una figura que está raramente basada en estudios epidemiológicos y es sujeto de dificultades de definiciones) atinge alrededor de 5-10% de la población.

La descripción de desorden de la coordinación durante el crecimiento hecha por la Asociación Psiquiátrica Americana sugiere que esta será diagnosticada si hay, primero, un grave daño motor o desempeño significativamente abajo del de sus compañeros de la misma edad y, segundo, una interferencia en la vida diaria, cuyo perjuicio tendría consecuencias funcionales. Wrigth y Sugden (1996) han encontrado 16% de una población fortuita con desorden de la coordinación durante el crecimiento, 12% de los niños viviendo perjuicio moderado, cautelosamente descrita como de riesgo, y 4% descrita como siendo seriamente perjudicada y necesitando de cuidado inmediato.

Sugden y Wright (1998), citando Gubbay, Lord, Hulme y Lazlo, han noticiado problemas sensoriales, siendo que Laszlo particularmente ha destacado problemas de percepción de movimiento, y Smyth y Glencross (1986) han sugerido que niños con desorden de la coordinación durante el crecimiento son deficientes en la velocidad para procesar informaciones de percepción de movimiento, pero no en la velocidad de procesar información visual.

Gubbay (1975) ha dado un paso más allá en su descripción de niños inaptos, al evaluar los niños y sus compañeros en grupo de control, en un test para que se tenga seguridad de su capacidad, consistiendo de 8 tareas de habilidades motoras y de un cuestionario completo, contestado por los profesores de los niños. Él ha descubierto que los niños inaptos han diferido significativamente en casi todas las tareas de habilidades motoras y todos los tópicos trabajados por el cuestionario, tal como escrita de mano pobre, baja habilidad deportiva, pobre desempeño académico, mala conducta, inaptitud, inquietación e impopularidad, cuando comparadas a sus compañeros que no presentaban Desórdenes del Desarrollo de la Coordinación (DCD).

Henderson e Hall (1982) han incluido, en su estudio comparativo de niños DCD y no DCD, exámenes de neurodesarrollo, tachado de dibujos de niños, puntuaciones en un test de perjuicio motor y un test de lectura y CI, para determinar las características de los entonces llamados niños inaptos comparados al sujeto control combinados. Los niños han sido originalmente clasificados como teniendo DCD por sus profesores, notándose que esa técnica de clasificación inicial presentaba problemas inherentes a las acciones de los profesores que seleccionaban niños cuyo perjuicio motor estaba afectando significativamente el trabajo escolar.

Larkin y Hoare (1992) han elegido observar carrera, saltito y salto en niños con DCD, haciendo comparaciones con niños bien coordinados. Los niños con DCD han corrido más lentamente que los que formaban parte de un grupo control y han exhibido la extensión de pasada disminuida y el tiempo de la pasada aumentado, junto con otros factores que han contribuido tanto para la carrera más lenta como para la carrera menos eficiente que los del grupo de control. Usando la tarea de salto a distancia, niños con DCD han sido significativamente inferiores que los del grupo de control cuando la distancia ha sido medida. Se ha notado que ellos han producido una extensión reducida del movimiento con menos extensión en las rodillas y en la cadera que las del grupo de control y han sido asimétricas al caer en el suelo, mostrando una falta de control no vista en los niños del otro grupo. Esa reducción en los grados de libertad usados para movimientos por los niños con DCD ha sido vista también en sus saltos.

En resumen, esos autores han descubierto que los modelos de movimientos vistos en los niños con DCD eran inmaturos y han revelado menor eficiencia en comparación con los del grupo de control. Esos niños eran incapaces de medir el tiempo de las interacciones segmentales de sus miembros para producir movimientos eficientes y ordenados. Algunos de los niños con DCD podrían coordinar sus miembros inferiores solos, pero el nexo entre miembros superiores e inferiores era problemático. En general, los niños con DCD eran más lentos y, consistentemente, tenían mayor medida de grasa que los del grupo de control y, tanto la forma física como los problemas de tamaño serían vistos en habilidades motoras gruesas. Además de eso, esos autores ven los cambios de tamaño en niños con DCD como siendo factores importantes en la causa y efecto de dificultades de movimiento.

Las dificultades de coordinación en niños con DCD pueden ser compuestas y reforzadas por un deseo de evitar actividad física. Esa retirada de actividades físicas tiene reducido el nivel de forma física y fuerza de los niños con DCD, cuando comparadas a las del grupo de control (O'Beirne et al., 1994). Desempeño anaeróbico y medidas de capacidad han sido evaluadas por esos autores, los cuales han confirmado las descubiertas de Larkin y Hoare (1992) cuanto a los desempeños de carrera, significativamente más lentos de niños con DCD.

Medidas de las tasas cardíacas han confirmado que los niños con DCD estaban tan empeñados como sus compañeros durante los procedimientos del test, pero con menos éxito. Las dificultades que los niños con DCD han mostrado cuando han producido movimientos explosivos posiblemente se relacionan a su poder anaeróbico bajo, que se transfiere para sus bajos niveles de forma física. Los niños con DCD también han sido más pesados que los de control, siendo esta posiblemente otra causa de las dificultades de movimiento que ellos encuentran, llevándolos a evitar ejercicios y a preferir una vida más sedentaria.

Rutter (1989) ha notado que el ritmo y la naturaleza de las experiencias son interacciones complejas de los procesos social, psicológico y biológico. Hay una expectativa de que tanto las continuidades como las descontinuidades van a ocurrir, considerando los cambios como una parte natural del desarrollo, pues mucho de su funcionamiento posterior tiene por base el aprendizaje previo, lo que proporcionaría las necesarias consistencias. Algunas continuidades incluyen comportamientos que pueden cambiar en la forma, pero reflejan todavía el mismo proceso básico, siendo este un punto de importancia considerable cuando son examinadas las funciones motoras desde el nacimiento hasta la adolescencia. Un repertorio acompañado de movimientos cada vez más grandes, en el individuo mayor, representa esos cambios, a pesar de que hay dificultades básicas similarmente representando consistencia.

Ese mismo autor afirma que posibles factores mediadores para continuidades y discontinuidades incluyen una orden genética en determinada condición, como en el caso del autismo. Otros pueden poseer un componente genético más débil, pero genes pueden influenciar la continuación del desorden hasta la vida adulta. Otros substratos biológicos pueden no ser genéticamente determinados, pero podrían incluir complicaciones en el embarazo y en el nacimiento, produciendo un efecto constitucional, como un desorden neurológico, por ejemplo. Influencias del ambiente, como prácticas de subsistencia y factores educacionales van de nuevo constituir grandes influencias, cuando el niño ingrese en contextos más complejos y con mayores demandas.

Ese autor refiere también que incluso en condiciones genéticas, las transiciones y continuidades en la vida son universales y, siendo así, grandes cambios pueden ser ocasionados en nivel individual, por algún evento o una importante influencia. Sugiere que las influencias son tan complejas que sería un error polarizar naturaleza y educación en explicaciones mutuamente exclusivas y que las transiciones entre los varios compañeros contribuyentes parecen ser la manera más confortable de explicar continuidades y cambios en el desarrollo de los niños.

Cuanto a los desórdenes de coordinación, estos aparecen y se desarrollan por medio de transacciones complejas entre determinantes biológicos y oportunidades del ambiente. Van Dellen y Geuze (1988) han descubierto que niños con desorden de la coordinación durante el crecimiento son lentos, pero no descuidados en el proceso de selección de respuesta. Ese principio también es sustentado por Rösblad y Von Hofsten (1994), que han relatado tanto la lentitud como la variabilidad de respuesta en uso, de niños con desorden de la coordinación durante el crecimiento, relativos a la información visual y en movimientos brazales dirigidos a una meta.

Dwyer e Mackenzie (1994) han concluido que niños con desorden de la coordinación durante el crecimiento difieren de los sin desorden en su habilidad de recordar modelos visuales en un corto lapso temporal, pero cuanto a la memoria inmediata no hay diferencia. Mon-Williams et al. (1994) han descubierto que dificultades oftálmicas solas no pueden explicar la dificultad que niños con desorden tienen con relación al control motor. Geuze y Kalverboer (1987) han relatado que niños con desorden de la coordinación durante el crecimiento son inconsistentes en controlar aspectos temporales de sus movimientos e inexactos en tareas con el dedo.

Wann (1987) apunta que niños con desorden de la coordinación durante el crecimiento han demostrado caligrafía pobre porque los mecanismo básicos para la organización de ese tipo de habilidad son inadecuados para los movimientos sofisticados requeridos. Sus descubiertas han recibido apoyo del trabajo de Laszlo y Bairstow (1985), que han examinado conjuntamente procesos básicos para sostener habilidades de tareas más específicas, desempeñadas por niños con desorden de la coordinación durante el crecimiento. Esos autores han alegado también que mejoramientos para los procesos básicos deficientes se transfieren positivamente para desempeños aumentados de tareas funcionales.

Piek y Edwards (1997) han evaluado 171 niños por medio de una batería de tests de coordinación (M-ABC) de Henderson y Sugden (1992), de las cuales 32 han presentado problemas de coordinación. Esos niños con problemas de coordinación tenían dificultades de aprendizaje, problemas emocionales, sociales y de comportamiento. Según los autores, si el diagnostico es realizado temprano, los profesores de Educación Física pueden ser muy útiles en el proceso de intervención.

Johnston, Short y Crawford (1987) han realizado una investigación con 757 niños y han confirmado el problema de coordinación motora en 95 casos. Han concluido que bajos pesos de nacimiento, prematuridad y problemas relacionados con la gestación eran significativamente asociados a la baja coordinación y que el factor socioeconómico no era un aliado significante.

Mckinlay et al. (1987), usando los tests propuestos por Gubbay (1975), en 885 niños estudiantes y 482 niños con dificultades de aprendizaje, han concluido que niños con deficiencia intelectual son también retrasados en el desarrollo motor y que las planificaciones educacionales deben ser diferenciadas para ambos, o tendrán implicaciones de desarrollo en el futuro.

Henderson et al. (1981) han realizado un estudio con 18 niños con Síndrome de Down y 18 con deficiencia intelectual en cuadro no sindrómico, entre 7 y 14 años de edad. El test aplicado en ese estudio fue el test de Cratty (1976), de desempeño motor grueso, concluyendo que niños con Síndrome de Down presentaban un déficit específico en algunas áreas de la coordinación con relación a los niños con deficiencia intelectual no sindrómicos.

En un estudio de revisión sobre problemas de coordinación motora, Willoughby y Polatajko (1995) han enfocado los problemas de coordinación basados en explicación de origen puramente fisiológica. Pero hay todavía la falta de consenso entre los investigadores y profesionales que trabajan en el área de la salud, cuanto a los problemas de coordinación motora presentados por los niños, si son de hecho de origen fisiológica o si son el resultado de un retraso en el desarrollo.

Hay aun, según el nuestro entendimiento, con relación al tema que viene siendo revisado, indicios de que los problemas de coordinación motora son señales que alertan para las variables asociadas al medio ambiente, y que estas pueden ser causas de un desorden de coordinación.

En un estudio realizado por Miyahara y Mobs (1995), en que los autores comparan apraxias, dispraxias y desórdenes de coordinación, se ha revelado que ambas, apraxias y dispraxias no se refieren a los niños con desórdenes de coordinación, en especial, cuando son relacionadas a los problemas de secuencias motoras.

La suposición más común de que los niños "crecen fuera de modo" no es sostenida por los estudios del área en general en los últimos 15 años. De acuerdo con Fox y Lent (1996), alrededor de 6% de los niños demuestran falta de coordinación motora para ejecutar tareas en las edades apropiadas. Sin embargo, un mejor entendimiento sobre esos desórdenes de coordinación llevará a una mejor identificación de los problemas presentados. Habrá que implementar sistemas de evaluaciones sobre coordinación motora desde la pre-escuela.

Terminología de las manifestaciones de los desórdenes de coordinación

Una de las grandes dificultades enfrentadas por los investigadores del área es representada por la diversidad terminológica presente en los estudios publicados con origen en las diferentes escuelas superiores, por los grupos de estudio de investigaciones y por los editores, cuando reúnen especialistas que tratan de la coordinación corporal, tales como psicólogos, profesores de Educación Física, fisioterapeutas, pediatras y otros. Eso constituye un desafío difícil de superar, siendo necesario optar por una terminología capaz de mejor encuadrar los factores de una intención de estudios en particular.

Para cualificar un individuo con problemas de desórdenes coordinativas se han utilizado varios términos (Cuadro 2.1), sin embargo, el término más acepto actualmente por la Asociación Psiquiátrica Americana (APA, 1994), contenida en su manual estadístico y de diagnostico de desórdenes de la salud mental (DSM-IV), es el término "Desorden de Desarrollo de la Coordinación" – DCD, conforme la edición especial de la *Adapted Physical Activity Quarterly* (1996), y que será utilizado con más frecuencia en ese estudio, por parecer el más adecuado con relación a otros que, bajo nuestro punto de vista, son también válidos para las diferentes explicaciones de esos desórdenes.

De hecho, cada término representa las dificultades experimentadas por los niños con dificultades de movimiento. Se buscó, en ese estudio, revisar los términos más utilizados, resaltando su organización en una lista exhaustiva de descripciones, en el campo de los desórdenes de coordinación utilizados con cierta frecuencia y de acuerdo con el interés revelado en cada temática, en artículos y publicaciones de todo el mundo.

La coordinación de movimientos, según la edad, es entendida como interacción armoniosa y económica, de músculos, niervos y sentidos, con la finalidad de producir acciones cinéticas precisas y equilibradas (motricidad voluntaria) y reacciones rápidas adaptadas a la situación (motricidad refleja) (Kiphard, 1976).

Según ese autor, una interacción perfecta (coordinación) tiene que satisfacer las siguientes condiciones:

> 1. Adecuada medida de fuerza, que determina la amplitud y velocidad del movimiento;
> 2. Adecuada utilización de los músculos que influye en la conducción y orientación del movimiento;
> 3. Capacidad de alternar, rápidamente, entre tensión y relajación musculares, premisas de toda forma de adaptación motora.

Algunos "desarreglados" en la realización de actividades motoras, que constantemente alegan dificultades en ciertas realizaciones, o en casi todas, pueden tener el desarrollo de la autoconciencia perjudicado. De esa situación resulta muchas veces un comportamiento de movimiento regresivo, pasivo, miedoso e inhibido, como también comportamiento agresivo y petulante.

Esos alumnos necesitan de actividades complementares. De esa manera, hay que ofrecerles oportunidades que desarrollen diferentes habilidades que les puedan proporcionar cantidades suficientes y adecuadas de experiencias de movimiento (SECRETARIA DA EDUCAÇÃO DO ESTADO DE SÃO PAULO. *Coordenadoria de Estudos e normas Pedagógicas* – SE/CENP – 1984).

LAS INSUFICIENCIAS COORDINATIVAS

Las insuficiencias de naturaleza coordinativa son caracterizadas por una instabilidad motora con deficiencia cualitativa del movimiento, asociada a una imperfección de la actualidad y conjunto de la función sensorio-motora muscular (Kiphard, 1977; Rusch y Weineck, 1980).

Niños con insuficiencias coordinativas evidencian una adaptación delante de situaciones motoras naturales, consecuentemente causando más desgaste en la realización de actividades de baja complejidad, decorrientes de la dosificación temporal y espacial de los impulsos inadecuados.

Cuadro 2.1 Terminología utilizada por varios autores para describir niños con problemas de coordinación

Terminología	Autores
Niños inaptos	Dare y Gordon, 1970 Keogh, Sugden, Reynard y Calkins, 1979 Lord y Hulme, 1987 Henderson, 1987 Losse et al., 1991 Geuze y Kalverboer, 1994
Síndrome del niño inapto	Gubbay, 1975
Problemas o dificultades de coordinación	O'Beirne, Larkin y Cable, 1994 Sugden y Henderson, 1994
Problemas o dificultades en coordinación motora	Roussounis, Gaussen y Stratton, 1987 Maeland, 1992
Problemas en habilidad de movimiento	Sugden y Sugden, 1991
Problemas o dificultades de movimiento	Henderson, May y Umney, 1989 Sugden y Keogh, 1990 Wright, Sugden, Ng y Tan, 1994
Disfunción percepto-motora	Laszlo, Bairstow, Bartrip y Rolfe, 1988
Dispraxia	Walton et al., 1962 Iloeje, 1987 Henderson y Sugden, 1991 McGovern, 1991

Continúa

Continuación

Terminología	Autores
Desorden de Desarrollo de Coordinación (DCD)	Asociación Psiquiátrica Americana (APA), 1987, 1992 Henderson, 1992 Organización Mundial de la Salud (OMS), 1992, 1992, 1993 Hoare, 1994 Missiuna, 1994 Mon-Williams, Wann y Pascual, 1994 Sugden y Wright, 1995, 1996 Wright, 1997
Insuficiencia de Coordinación	Kiphard, 1976 Pereira, Sobral e Coelho y Silva, 1997
Apraxias	Lineman, 1900 Poppelreuter, 1917 Andrade, 1984 Fonseca y Mendes, 1987 Schilder, 1994

Fuentes: Kiphard y Schilling (1976); Fonseca (1995); Pereira, Sobral e Coelho y Silva (1997); Sugden y Wright (1998).

Ese cuadro puede manifestarse de diferentes maneras como:

1. inseguridad en una postura equilibrada;
2. inadaptación del tono muscular;
3. deficiente fluidez del movimiento;
4. inadaptación en el uso de los músculos co-ejercitación;
5. inadecuación de los impulsos;
6. deficiente precisión de la dirección;
7. deficiente orientación espacial;
8. deficiente capacidad de ritmo;
9. débil capacidad de reacción.

Kiphard (1977) caracteriza una "buena" y "débil" coordinación en función de determinadas variables por él consideradas determinantes, como se puede ver en el Cuadro 2.3.

Dinámica

Las insuficiencias de coordinación dinámica se caracterizan por:

1. Deformidades cinéticas parciales o de cuerpo entero;
2. Sincinesias en caso de tensión concentrada;
3. Movimientos arrítmicos, convulsivos o abruptos;
4. Impulsos cinéticos repentinos e involuntarios;
5. Falta de capacidad de equilibrio del cuerpo en posición bípede;
6. Falta de agilidad y capacidad para parar e invertir el movimiento.

Pueden ser reveladas por:

a) Insuficiencia de coordinación motora gruesa: en ese caso, los individuos que presentan insuficiencias de coordinación están cualitativamente afectados, delante de movimientos amplios, fuertes e impetuosos;
b) Insuficiencia de coordinación motora fina: delante de ese cuadro, se comprueba una aferición cualitativa de movimientos pequeños. Eso se refiere, por un lado, a todos los ejercicios de habilidad manual, como, por ejemplo, la escrita. Por otro, todos los ejercicios pequeños de puntería y equilibrio.

APRAXIAS

En la apraxia, hay una inadaptación (desajuste) entre las representaciones y las inervaciones utilizadas en la concretización de la respectiva acción intencional.

Según Lhermitte (apud Fonseca y Mendes, 1987), se trata de un problema de movimiento voluntario, de una alteración de la conducta,

Cuadro 2.2 Calidades básicas de la coordinación

"Buena" Coordinación motora	"Débil" Coordinación motora
Precisión de movimiento	
Equilibrio corporal, retiniliaridad en los objetivos, buena oscilación de movimientos; correcto equilibrio.	Desequilibrio espacial, movimientos intermitentes, groseros e incorrectamente equilibrados.
Economía del movimiento	
Equilibrio muscular, utilización de la fuerza adecuada, situación dinámica, moderada inervación grosera.	Desequilibrio de la fuerza muscular con impulsos excesivos (hiperdinámico) o demasiado débiles (hipodinámico).
Fluencia del movimiento	
Equilibro temporal, adecuadas situaciones del tiempo del impulso muscular por la rápida reacción.	Desequilibrio temporal. Rápida inadaptación, impulsos abruptos o aumentados e intermitentes por la retrasada reacción motora.
Elasticidad del movimiento	
Equilibrio de la elasticidad muscular, elevada actividad y adaptación de la utilización de la tensión muscular.	Desequilibrio de la elasticidad muscular. Difícil adaptación, ejecución muy débil o no elástica, falta de fuerza muscular.
Regulación de la tensión	
Equilibrio de la tensión muscular, máxima relajación de los grupos antagonistas, rapidez en la alteración de las relaciones de la tensión de los diferentes grupos musculares.	Desequilibrio de la tensión muscular, inadecuada tensión de los grupos antagonistas, defectuosa conducción de los impulsos motores; desequilibrio en el cambio de impulsos (regulación de la tensión).
Aislamiento del movimiento	
Equilibrada elección muscular. Enervación objetiva de los grupos musculares necesarios para un impulso máximo.	Desequilibrio en la elección muscular, inadecuada co-acción como resultado de una tensión muscular exagerada, impulso incorrecto y erróneo, extra-movimiento.
Adaptación del movimiento	
Equilibrio de la reacción de regulación sensorio-motora. Buena adaptación motora y capacidad de adaptación adecuada a cada situación del movimiento, base de una buena percepción sensorial.	Desequilibrada reacción de regulación sensorio-motora. Insuficiente adaptación a la situación del movimiento y deficiente capacidad motora. Base para una percepción sensorial poco clara.

Fuente: Kiphard (1977).

de la dirección de la actitud motora, de los movimientos expresivos del pensamiento y de la traducción de símbolos.

Para Schilder (1994, p. 43):

> Apraxia es como una inhabilidad en usar el conocimiento de objetos en la acción, aunque ese conocimiento pueda ser expreso por palabras o por la acción de los miembros no afectados.[1]

Según Ajuriaguerra, (s.a., p. 247):

> La apraxia de las realizaciones motoras, sin disturbios del esquema corporal, es muy frecuente y ocurre junto en el niño con un déficit motor neurológico, con un déficit o un retardo de la organización motora. Ella se caracteriza por una falta de coordinación o un déficit de las praxias utilitarias elementares; los actos son ejecutados con lentitud, desarregladamente y, en general, desvirtuados con relación a una planificación ordenada.[2]

Respecto a las características generales de las apraxias, Wallon (apud Andrade, 1984, p. 45), afirma que:

- El niño sabe lo que tiene que hacer, no tiene una insuficiencia motora, sin embargo, no consigue realizar el gesto.
- La alteración parece estar en la pre-figuración del acto, en su desenrollar espacial y temporal. Hay una incapacidad para ordenar correctamente el gesto, la cual puede tomar dos formas: el gesto se refiere a un objeto exterior y el disturbio consiste en una inaptitud para adaptar la estructura de los movimientos necesarios a la estructura de los objetos; la incapacidad es más subjetiva y se refiere a una dificultad de los movimientos con relación al propio cuerpo.

---

[1] Cita original en portugués. (N. T.)

[2] Ídem. (N. T.)

- El punto común entre los varios tipos de apraxias es la no coincidencia entre el "espacio interior" y el "espacio exterior. De esa manera, el sentido de espacio queda perturbado, lo que acaba por traer confusiones entre las partes del "cuerpo propio": de esa manera, un movimiento hecho por el niño puede contener una parte o la totalidad de su cuerpo y de una manera desordenada.
- Cuando la perturbación es más grande, el disturbio parece atingir el espacio del "otro"; los gestos dan la impresión de ser un eco en una manera de identificación que parece haber una sustitución de si propio por el "otro".
- La dificultad anteriormente relatada significaría una indiferenciación auto-hétero-corporal que indicaría una persistencia del niño en una fase inicial del desarrollo, en la cual él no consigue distinguir sus reacciones motoras de aquellas exteriores a ella.

DEBILIDAD DE COORDINACIÓN

De acuerdo con Kiphard (1976), las debilidades de coordinación son observables en las siguientes situaciones:

1. *Debilidad de coordinación*: constituye una moderada alteración cualitativa de los movimientos, que produce una disminución liviana o moderada del rendimiento motor. Puede ser expresa por una leve anomalía de la capacidad de rendimiento de coordinación. También pueden ser causadas por la lenta maduración cerebral o trastornos cerebrales leves.
2. *Incoordinación*: defecto de coordinación. En otras palabras, es una grave alteración patológica de calidad cinética y causa un gran deterioramiento (dificultad) en el rendimiento motor. La causa es siempre un proceso patológico en el sistema nervioso central. El extremo patológico constituye las enfermedades nerviosas clásicas, tales como: atetoses, ataxias, etc.

DESÓRDENES DE COORDINACIÓN

Wrigth y Sugden (1996), usando los criterios de la Asociación Psiquiátrica Americana contenidos en el "Manual Estadístico y de Diagnostico de Desórdenes de la Salud Mental" (DSM-IV, 1994) utilizan el término "desorden de la coordinación durante el crecimiento" para describir niños con un perjuicio relevante en el desarrollo de la coordinación motora, que no es explicable por retardo intelectual o por un desorden físico conocido. El diagnostico es hecho solamente si ese perjuicio interfiere en las actividades rutinarias de la vida o en el trabajo académico.

Esa denominación apunta para dos características:

1. que el niño tiene un comprometimiento importante de funciones motoras;
2. que ese comprometimiento interfiere en la vida diaria.

Esos mismos autores explican que en los últimos años, sus trabajos se han concentrado en tres principales cuestiones:

1. Como los niños son identificados y evaluados;
2. Como es descripta la naturaleza del desorden;
3. Como son administrados los desórdenes en una situación escolar.

El universo conceptual y operativo de la coordinación motora, a pesar de las valiosas contribuciones ya recibidas, permanece en abierto para una definición plástica y consensual, más especificidad terminológica y operativa, resultante de la diversidad de objetivos y metodológicas de estudio, bien como la multiplicidad de áreas de conocimiento que sobre ella se tienen dedicado.

Capítulo 3

Evaluación Motora en Educación Física Adaptada

La práctica de la Educación Física Adaptada (EFA) debe ser coherente con un modelo teórico del comportamiento motor.

La evaluación sirve a un objetivo muy importante en el área del desarrollo motor. Cuando realizada en varios aspectos del comportamiento motor de un individuo, hace posible al especialista en Educación Física Adaptada monitorear alteraciones de desarrollo, identificar retrasos y obtener esclarecimientos sobre las estrategias instructivas.

Según DePauw (1990), la investigación, anterior a los años 1970, sobre la actividad física en individuos deficientes, fue, sobre todo, descriptiva, concentrándose en tres áreas fundamentales:

1. Identificación de problemas motores;
2. Efectos de la actividad física;
3. Descripción del crecimiento y del desarrollo de los niños deficientes.

En aquella década, se han centrado, sobre todo, en la Fisiología y en la Biomecánica. En los años 1980, según la misma autora, ha ocurrido un aumento substancial de las investigaciones. Las áreas de estudio se han diversificado y los procedimientos se han tornado más sofisticados y variados.

Los esfuerzos sistemáticos de la investigación han sido devotados al entendimiento de las bases científicas, fisiológicas y biomecánicas del desempeño. Los factores psicológicos que afectan a los individuos deficientes han sido estudiados por primera vez.

Entre el periodo de 1980 a 2000, hubo un gran crecimiento del área de la EFA y, con eso, la necesidad de la sistematización de los procesos de evaluación y de los programas de intervención.

Las investigaciones más recientes en EFA pueden ser agrupadas en las siguientes áreas:

1. Enseñanza y aprendizaje de las actividades físicas;
2. Factores de influencia en la actividad física;
3. Efectos de la actividad física;
4. Habilidades motoras y desempeño (rendimiento).

En este estudio, buscamos una mayor comprensión y entendimiento respecto a esta última área.

El interés por investigar la coordinación motora en personas con deficiencia intelectual se debe a la necesidad de mejor comprender el desarrollo de esa población. La identificación de las variables de la coordinación en que se encuentra el individuo podrá determinar la necesidad de haber intervención en términos de enseñanza.

No existen indicadores referenciales asociados a la edad cronológica en niños con deficiencia intelectual. De manera general, se toman como referencia parámetros normales de desarrollo y se evidencia el retraso en el desarrollo de la coordinación motora del niño con deficiencia intelectual.

Existen muchos instrumentos de evaluación propuestos para mensurar habilidades motoras. Los tests formales, tanto publicados como no publicados, son proyectados con la mensuración de varias características de comportamiento motor. Existen también métodos de evaluación que representan un abordaje menos formal y más auténtico para la evaluación de las características motoras de un individuo. El desafío para el evaluador es identificar los procedimientos de evaluación más apropiados y los instrumentos para el individuo o grupo que van a ser evaluados.

No es sorprendente encontrar una serie de métodos diferentes para identificar niños con problemas de desorden de movimiento. Según Sugden y Wright (1998), varios son los instrumentos de evaluación, entre los cuales: Test de Integración Sensorial de la California del Sur (Ayres, 1972); Test de Bruininks-Oseretsky de Competencia Motora (Bruininks, 1978); Test de Habilidades de Niños Jóvenes (Griffiths, 1970); Test de Sensibilidad Cenestésica (Laszlo y Bairstow, 1985); Examen del Niño con Disfunción Neurológica Menor (Touwen, 1979); Test de Desarrollo Motor Grueso (Ulrich, 1985); Batería de Evaluación de Movimiento para Niños – Test del M–ABC (Henderson y Sugden, 1992) y el Test de Coordinación Corporal para Niños – KTK (Kiphard y Schilling, 1974), entre otros, que constituyen instrumento del presente estudio.

Un test es frecuentemente juzgado por su validad. El test KTK posee una confiabilidad individual entre 65 y 87, y una confiabilidad total de 90 (Kiphard y Schilling, 1976) lo que demuestra credibilidad para la aplicación de ese test en el estudio.

Algunos problemas parecen haber surgido en la literatura sobre la evaluación. Primero, hay una preocupación relativa al malo uso de los tests estandarizados para determinar programas objetivos de la Educación Individual (EI); segundo, los resultados de tests estandarizados ofrecen poca ayuda para determinar técnicas instructivas o para tomar decisiones; tercer, la exactitud de la medida de las habilidades de un individuo en solamente un contexto en un tiempo específico, y por último, el uso ambiguo y a veces incluso arbitrario de notas por letras para describir el desempeño de un individuo (Block et al., 1998).

Los diferentes instrumentos de evaluación que se han delineado, aunque conteniendo algunos elementos comunes, varían en sus objetivos, ideas y contenido.

Considerando las afirmaciones de los autores, se ha entendido también que forma parte de la evaluación cuestionarse por qué nos establecer una relación con otras áreas del conocimiento. Aunque sea un tema polémico, es necesario para el desarrollo de un buen trabajo pedagógico, especialmente en el área de Educación Física.

Hay, por lo tanto, la constatación de la necesidad de realizar estudios enderezados a esa población especial cuanto a las evaluaciones motoras, pues la dificultad de encontrar trabajos específicos en el área es tan grande que interfiere en la realización de investigaciones sistematizadas.

Los resultados de los estudios realizados frecuentemente reflejan informaciones confusas como, por ejemplo: la fuerza no es muy bien desarrollada; la velocidad está en un nivel muy bajo; el equilibrio no es bueno; hay perturbaciones en la coordinación, etc. Así, cuando nos referimos a personas con deficiencia intelectual, observamos como es alarmante la falta de instrumentación adecuada a esa realidad, dejando, de esa manera, el profesional del área de Educación Física Adaptada con pocos o sin elementos adecuados para diagnostico e intervención.

Teniendo como base los objetivos del presente estudio, hay que elaborar una rutina de evaluación capaz de identificar los desórdenes de coordinación y la aplicación de un programa específicamente elaborado, para que se pueda planear las actividades con base en las dificultades de los alumnos, contabilizando, enseguida, su progreso paso a paso y con base científica. Un diagnostico criterioso, obtenido por medio de test confiable, puede originar nuevas decisiones sobre problemas presentados por los alumnos en la respuesta motora.

Criterios para Selección del Instrumento de Evaluación

Evaluación podría ser definida en un libro educacional como colecta e interpretación de información relevante sobre un individuo para ayudar a tomar decisiones válidas, confiables y no discriminatorias. Los primeros pasos son medir y evaluar. Para evaluar la capacidad de movimiento de un niño, la medida puede extenderse del test formal a la observación informal del niño en su ambiente natural.

La evaluación es la interpretación de aquellas medidas en términos de adecuación – el cuanto ella se desempeña bien de acuerdo con las normas de tests evaluables o los comportamientos objetivos desarrollados para aquel determinado individuo, clase o unidad instructiva (Gallahue y Ozmun, 2001). La evaluación basada en normas de tests resulta en el informe de un modelo de puntuación, así como un porcentaje, como una indicación del grado de pericia o impericia.

Una de las grandes dificultades enfrentadas por los profesores de Educación Física Adaptada (EFA) es la diversidad terminológica usada entre muchos instrumentos de evaluación presente en los estudios con origen en las diferentes escuelas superiores, por los grupos de estudio de investigaciones y por los editores. Eso constituye un desafío difícil de superar, siendo necesario optar por una terminología capaz de mejor encuadrar los factores de una intención de estudios particular. En verdad, cada término representa las dificultades experimentadas por los niños con dificultades de movimiento. Se buscó mostrar las terminologías utilizadas en los tests, resaltando su organización en una lista de descripciones utilizadas con frecuencia y de acuerdo con el interés revelado en cada temática, en artículos y publicaciones de todo el mundo. En el Cuadro 3.1, hemos hecho un levantamiento de diversos instrumentos con sus respectivos términos utilizados por diferentes autores.

Burton y Rodgerson (2001) han identificado, por lo menos, cuatro problemas con la visión dominante relacionada a la evaluación en EFA, indicando la necesidad de discusión y un esclarecimiento, o tal vez de una reconceptualización de esas elaboraciones. Los cuatro problemas discutidos son:

> a) análisis de datos cuestionables e interpretación de la investigación que validan o que invalidan los conceptos de habilidades de movimiento, motoras y motoras generales;
> b) uso inconsistente de los términos y de los conceptos en instrumentos de evaluación;

c) uso común de los instrumentos de evaluación en la EFA que confían en el concepto de habilidades motoras generales, a pesar de la visión dominante que no reconoce ese concepto; d) una falta de reconocimiento de la investigación que documenta el aumento de la especificidad de las habilidades del movimiento con la creciente edad durante la niñez.

Cuadro 3.1 Métodos para identificación y evaluación motora

Instrumento	Autores	Edad	Términos	Evaluación
Test de habilidades de niños y jóvenes	Griffiths, 1970	Del nacimiento hasta 8 años	Habilidades motoras Locomotora Coordinación ojo-mano Desempeño	Evalúa escala locomotora, escala de habla, escala de audición y habla, de coordinación ojo-mano y tests de desempeño
Test de integración sensorial de la California del Sur	Ayres, 1972	4.5 a 8 años	Dificultades motoras y perceptuales	Tiene como objetivo entender las dificultades motoras y perceptuales en niños con desórdenes de aprendizaje y comportamiento
Test Korperkoordination test fur Kinder – KTK	Kiphard y Schilling, 1974	4.5 a 14.5 años	Desarrollo motor Coordinación motora general	Identificar y diagnosticar problemas de desarrollo motor y de coordinación motora global
Test de competencia motora de Bruininks-Oseretsky – BOTMP	Bruininks, 1978	4.5 a 14.5 años	Competencia motora Desarrollo motor Habilidad motora	Aspectos importantes del desarrollo motor
Basic Gross Motor Assessment – BGMA	Hughes y Riley, 1981	5.5 a 12.5 años	Habilidad motora Habilidad de movimiento fundamental Habilidad de movimientos especializados	
Test de desarrollo motor total – TGMD	Ulrich, 1985	3 a 10 años	Habilidad motora general Desarrollo motor total	Evalúa el funcionamiento motor total
Test Movement Assessment Battery for Children – M-ABC	Henderson y Sugden, 1992	4 a 12 años	Competencia motora Dificultades motoras Impedimento motor	Identifica niños con dificultades motoras
Escalas de desarrollo motor de Peabody – PDMS	Folio y Fewell, 2000	Del nacimiento a 6.9 años	Habilidades motoras de interrelacionamiento	Evalúa el desarrollo motor refinado y el desarrollo motor rudimentario de niños

Fuentes: Sugden y Wrigth (1998); Burton y Miller (1998); Burton y Rogderson, (2001).

La evaluación motora en niños y adolescentes con deficiencia intelectual es necesaria para la intervención de calidad, sin embargo, es necesario identificar claramente los criterios que el instrumento ofrece. Zittel (1994) refiere algunos aspectos-llave para seleccionar un instrumento de evaluación motora, descriptos en el Cuadro 3.2, son ellos: propuesta, adecuación técnica del instrumento, factores no discriminatorios, facilidad de administración, relación instructiva y validad ecológica.

La selección de un instrumento de evaluación debe ser precedida de una comprensión sobre el motivo de testar el niño y cómo las medidas van a ser utilizadas. La evaluación de la habilidad motora total es primeramente completada para la propuesta de tría, diagnostico y prescripción.

Cuadro 3.2 Aspectos-llave para seleccionar un instrumento de evaluación motora total

Criterio	Características de la selección
Propuesta	El instrumento seleccionado para la propuesta fornecerá medidas para identificar la presencia o ausencia de la habilidad motora Tipo de referencia (norma o criterio)
Adecuación técnica del instrumento	Estandarización Validad Confiabilidad
Factores no discriminatorios	Adaptar la situación, equipo y lenguaje El test debe ser sensible a la diversidad cultural y étnica
Facilidad de administración	Facilidad de administración del test Planilla fácil de leer y marcar Tiempo de ejecución del test Local de aplicación
Relación instructiva	Proveimiento de la información instructiva Reducir la cantidad de inferencia
Validad ecológica	Colecta de datos en ambientes confortables Familiarización con los materiales del test

Fuente: Zittel (1994).

La evaluación es un proceso complexo y los datos obtenidos por medio de ella son utilizados para tomarse decisiones importantes sobre los individuos. Pueden ocurrir muchos problemas en el proceso de evaluación de los alumnos y cuando hay efectos negativos, los alumnos y sus oportunidades futuras pueden ser afectados de manera adversa. Se presume que el evaluador sea capacitado para aplicar el test, que el error siempre está presente, que los alumnos evaluados son semejantes a aquellos con quien son comparados y que la muestra de comportamiento actual es observada. Caso esos presupuestos no sean satisfechos o reconocidos, la evaluación es invalidada.

La cuestión de los procesos de evaluación es algo que orienta todas las intervenciones educacionales y que no está resuelto, o mejor dicho, parece que actualmente está siendo insuficientemente explorado y discutido. Eso congrega la inminencia de los desgastes y conflictos de la crisis de formación de los profesionales, pues se posiciona como el cerne de las actitudes, concepciones y procedimientos que estructuran las intervenciones. Ese aspecto es pertinente a toda el área de la educación (Rodrigues, 2002).

Deficiencia Intelectual

Para abordar el concepto y la definición de la Deficiencia Intelectual (DI) y/o dificultad cognitiva, es conveniente clarear algunos aspectos terminológicos alrededor de la DI y/o dificultad cognitiva.

Cuando se busca definir el concepto de DI, se encuentran numerosos conceptos, y no existe uno que sea libre de críticas.

La OMS (1981) define DI como "un funcionamiento intelectual inferior, con perturbaciones del aprendizaje, maduración y ajuste social, constituyendo un estado en el cual el desarrollo de la mente es incompleto.

Una definición que parece ser la más compartida por todos es la de la AAMR (American Association on Intelectual Retardation, 1992):

> El retardo mental se refiere a limitaciones substanciales en su funcionamiento actual (de las personas). Se caracteriza por un funcionamiento intelectual significativamente inferior a la media, que se presenta juntamente con limitaciones en dos o más de las siguientes áreas de habilidades adaptativas: comunicación, cuidados personales, vida escolar, habilidades sociales, desempeño escolar, recreación, trabajo, desempeño en la comunidad, independencia en la locomoción, salud

y seguridad (Salvia y Ysseldyke, 1991). Se manifiesta antes de los 18 años de edad (Luckasson et al., 2003).[1]

En esa definición, se añade la visión del desarrollo de la persona como consecuencia de una interacción con los adultos y compañeros en diversos contextos, como la familia, la escuela y la sociedad. Se basa en un enfoque más funcional e interactivo entre la persona con determinada característica intelectual y los contextos donde se desarrolla.

Para la aplicación de la definición, según la AAMR (1992), es esencial asumir los cuatro criterios:

1. Valorización adecuada (de la deficiencia intelectual), considerando la diversidad cultural y lingüística;
2. Existencia de las limitaciones que se manifiestan alrededor de la realidad en que viven las personas y la existencia de una necesidad particular de apoyo;
3. Una limitación específica frecuentemente coexiste con competencias muy bien establecidas en otras habilidades adaptativas;
4. Con apoyo apropiado durante un periodo de tiempo, determinado o indeterminado, la manera de vivir de las personas con DI mejora considerablemente.

Según la referencia anterior, esa definición se basa en un modelo funcional que relaciona las características de los individuos con las del medio. Contiene tres elementos-llave: las capacidades o competencias (inteligencia y habilidades adaptativas); el medio (casa, escuela, trabajo, comunidad) y el funcionamiento (apoyos).

Luckasson et al. (2003) proponen que sean abandonados los grados de comprometimiento intelectual, por la graduación de medidas de apoyo necesarias a las personas con déficit cognitivo y destaca el proceso interactivo entre las limitaciones funcionales propias de los individuos y las posibilidades adaptativas que les son disponibles en sus ambientes de vida.

Esos conceptos asumen un nivel más alto para el punto de corte en el CI, entre la llamada variación normal de la inteligencia y la deficiencia. Se propone también alterar la naturaleza del sistema de clasificación que

---

[1] Cita original en portugués. (N. T.)

abandonaría los actuales niveles (leve, moderado, severo, profundo o educable, entrenable y dependiente) y caracterizaría la población considerada deficiente intelectual en términos del grado de la necesidad de apoyo: intermitente, limitado, amplio y permanente (Nunes y Ferreira, 1994).

La identificación de los perfiles de apoyo empieza a llevar en consideración no sólo los tipos y la intensidad de esos apoyos, sino también los medios por los cuales la persona puede aumentar su independencia, productividad e integración en el contesto comunitario y entre sus pares de la misma edad (Mantoan, 1998).

Otros abordajes respecto a ese tema vienen siendo discutidos en la inminencia de disminuir las barreras encontradas por los deficientes cuanto a esos criterios o niveles de clasificación.

Según Omote (1994), esa manera de abordar la cuestión de la deficiencia impide que se analice un aspecto que parece ser central en la problemática de la deficiencia intelectual. Se trata de la constitución social de la deficiencia.

En varios estudios, varios autores citados por Nunes y Ferreira (1994) [Bittencourt y Pereira (1993); Macmillian, Gresham y Siperstein (1993)] cuestionan los abordajes conceptuales respecto a la deficiencia intelectual y todos están de acuerdo con el hecho de que existe la necesidad de realizar un análisis con mayores debates entre los especialistas en el tema, pues creen que las alteraciones son importantes, pero también complejas.

Según Fonseca (apud Rodrigues, 1998), la evolución de esos conceptos provoca cambios respecto al significado del diagnostico de deficiencia intelectual hasta entonces acepto, pues esa condición de deficiencia instalada, inmutable y permanente, tiende a dar lugar a conceptos menos categoriales, teniéndose en cuenta la persona, la forma como ella se presenta y su comportamiento actual. Sin embargo, la práctica ha mostrado algunos desencuentros al dar énfasis al criterio psicométrico, alterando, de cierta manera, la esencia del concepto, dejando, por lo tanto, de atender a los otros dos requisitos básicos del diagnostico, rotulando inadecuadamente las personas en la mayoría de las veces.

Esas alteraciones requieren, sin embargo, reflexiones más profundas. En Estados Unidos, esa propuesta tiene sustentado una polémica sobre sus aspectos positivos y negativos.

Maestrello (apud Ferreira, 1997, p.12) resalta que, en años más recientes, el grande énfasis permanece sobre el papel social del deficiente intelectual y sobre las condiciones que propician su ajustamiento a la comunidad. El deficiente intelectual "deja de ser visto como alguien que exige cuidados especiales y separados, y pasa a ser visto como integrante de la comunidad como un todo".

No hay como generalizar, pero es cierto que todo empeño para mejor entender la persona con deficiencia intelectual solamente tiene sentido si existen esfuerzos dirigidos para las cuestiones educacionales y no simplemente para ponerle un rótulo.

De cualquier manera, aunque el concepto de deficiencia intelectual haya sufrido algunas evoluciones con el aparecimiento del término comportamiento adaptativo con la revisión en la cuestión del CI Grossmam (apud Kirk y Gallagher,1991) afirma que ni el CI y ni el comportamiento adaptativo son suficientes para dar cuenta del diagnostico y clasificación de la deficiencia intelectual, entendiendo que hace falta una evaluación clínica y una información biomédica.

Según Rodrigues (1995), algunas diferencias se evidencian tras la comparación de las definiciones presentadas por la American Association of Mental Retardation (AAMR):

> Retraso mental se refiere a un significativo funcionamiento intelectual abajo de la media resultante o asociado con otras dificultades en el comportamiento adaptativo y manifestado durante el periodo de desarrollo (Grossman *apud* Rodrigues, 1995, p. 1).[2]

En la definición presentada en 1992, por la misma AAMR, se ve:

> El término retraso mental (*mental retardation*) se refiere a limitaciones substanciales en ciertas capacidades personales. Se manifiesta como un significativo funcionamiento intelectual debajo de la media, coexistiendo con dificultades relacionadas en dos o más de las siguientes áreas de aptitudes adaptativas: comunicación, cuidados personales, vida doméstica, aptitudes sociales, uso comunitario,

---
[2] Cita original en portugués. (N. T.)

autonomía, salud y seguridad, funcionalidad académica, recreación y trabajo. (Rodrigues, 1995, p. 3)[3]

Cuanto al diagnostico, podemos observar en el Cuadro 3.3 las definiciones y evoluciones de los conceptos entre la cuarta revisión de 1961 hasta la nona y última revisión de 1992. Se está de acuerdo con los autores también cuanto a la dificultad de prever la naturaleza y la extensión de esas alteraciones y qué eso traerá para las prácticas institucionales.

Se entiende que es importante y necesario que estemos atentos para la evolución y para las nuevas concepciones para que se pueda intervenir con el máximo de competencia posible.

Cuando esa cuestión es generalizada, considerándose los más variados niveles de desarrollo de las personas con deficiencia intelectual, el problema se reviste de cierta complejidad. Aunque así, hay que creer en esa posibilidad.

Según Pires Júnior (1987), Glat y Tunes (1989), Ransel y Souza (1992) (apud Nunes y Ferreira, 1994), en diferentes épocas todavía prevalecen las visiones llamadas clínicas o patológicas de la deficiencia intelectual que parecen permanecer en los espacios institucionales. En el discurso, la mayor parte de las instituciones, órganos públicos, programas de formación de personas y en la visión de los profesores, la deficiencia sigue exclusivamente dentro del individuo, descontextualizada y sin un nexo social.

---

[3] Cita original en portugués. (N. T.)

Cuadro 3.3 Comparación de diferentes versiones de definiciones de deficiencia intelectual de la AAMR

Término	Quinta Revisión (Heber, 1961)	Sexta Revisión (Grossman, 1973)	Octava Revisión (Grossman, 1983)	Nona Revisión (Luckasson et al., 1992)
Definición general	Submedia del funcionamiento intelectual general que se origina durante el periodo de desarrollo y es asociada con perjuicios en el comportamiento adaptativo.	Submedia de funcionamiento general, existiendo significativamente en concurrencia con déficits en el comportamiento adaptativo y manifestada durante el periodo de desarrollo.	Significativa submedia de funcionamiento intelectual general resultado o asociado en concurrencia con perjuicios en el comportamiento adaptativo durante el periodo de desarrollo.	Limitaciones substanciales en el funcionamiento presente. Caracterizada por significativa submedia del funcionamiento intelectual, existiendo en concurrencia con las limitaciones relatadas en dos o más de las siguientes áreas aplicables en el comportamiento adaptativo: comunicación, autocuidado, vida en el hogar, habilidades sociales, convivencia, autodirección, salud, seguridad, funciones académicas, recreación y trabajo. La deficiencia intelectual se manifiesta antes de la edad de 18 años.
Submedia	Mayor que una variación estándar abajo de la media.	Submedia significativa: dos o más variaciones estándar abajo de la media.	Significativa submedia: definida como un CI de 70 o abajo en medidas estandarizadas de inteligencia; podría ser extendida a 75 o más, dependiendo de la confiabilidad de la inteligencia del test usado.	Significativa submedia del funcionamiento definida como un recuento estándar de aproximadamente 70 a 75 o abajo.

Continúa

Continuación

Término	Quinta Revisión (Heber, 1961)	Sexta Revisión (Grossman, 1973)	Octava Revisión (Grossman, 1983)	Nona Revisión (Luckasson et al., 1992)
Procedimiento de evaluación	Funcionamiento intelectual general: puede ser evaluado por uno o más de los tests estandarizados desarrollados para la propuesta.	Lo mismo de Heber.	El mismo de Heber para funcionamiento. El comportamiento adaptativo es evaluado por evaluación clínica y escalas estandarizadas.	Aproximación multidimensional, incluyendo un procedimiento de tres pasos para diagnosticar, clasificar y determinar los soportes necesarios.
Periodo de desarrollo	Aproximadamente 16 años.	Más alta edad límite de 18 años.	Entre la concepción y el 18 cumpleaños.	Manifestada antes de los 18 años.
Comportamiento adaptativo	Perjuicio en el comportamiento adaptativo: referente a la efectividad del individuo para adaptarse a las demandas naturales y sociales de su medio. Puede ser reflejado en: 1) maduración; 2) aprendizaje y 3) ajuste social.	Definida como efectividad o grado con el cual el individuo encuentra los modelos de independencia personal y responsabilidad social esperadas de su edad y grupo cultural. Puede ser reflejada en las siguientes áreas: durante la niñez y pre-adolescencia: 1) desarrollo de las habilidades de comunicación; 2) habilidades de comunicación; 3) habilidades de autoayuda; 4) socialización. Durante la pre adolescencia: 1) aplicación de aprendizajes básicos en las actividades de la vida diaria; 2) aplicación de resolución apropiada y juzgamiento en el dominio del ambiente; 3) habilidades sociales. Durante el final de la adolescencia y vida adulta: 1) responsabilidades y desempeños vocacionales y sociales.	Perjuicio en el comportamiento adaptativo se refiere a limitaciones significantes en una efectividad del individuo en conocer modelos de maduración, aprendizaje, independencia personal, o responsabilidad social que son esperadas de su faja etárea y grupo cultural. Puede ser reflejada en las mismas áreas, como en 1973.	Diez áreas de habilidades adaptativas: comunicación, autocuidado, vida en el hogar, convivencia, autodirección, salud y seguridad, funciones académicas, recreación y trabajo. Las habilidades relevantes dentro de cada área de habilidad adaptativa pueden variar con la edad cronológica, tanto que la evaluación del funcionamiento debe ser dirigida a la edad cronológica personal.

Continúa

Continuación

Término	Quinta Revisión (Heber, 1961)	Sexta Revisión (Grossman, 1973)	Octava Revisión (Grossman, 1983)	Nona Revisión (Luckasson et al., 1992)
Clasificación	Límite para deficiencia intelectual, CI 68-84 Deficiencia intelectual leve, QI 52-67 Deficiencia intelectual moderada, CI 36-51 Deficiencia intelectual severa, CI 20-35 Deficiencia intelectual profunda, CI < 20	Deficiencia intelectual leve, CI 52-67 Deficiencia intelectual moderada, CI 36-51 Deficiencia intelectual severa, CI 20-35 Deficiencia intelectual profunda CI < 20	Deficiencia intelectual leve, CI 50-55 a aproximadamente 70 Deficiencia intelectual moderada, CI 35-40 a 50-55 Deficiencia intelectual severa, CI 20-25 a 35-40 Deficiencia intelectual profunda, CI < 20 o 25	Intensidad de los soportes: Intermitente Limitada Extensiva Generalizada

Fuentes: Grossman (1983); Paton et al. (1990); Lucksson et al. (2003).

Capítulo 4

Medidas Antropométricas

Para la medida de estatura, se ha utilizado un estadiómetro de pared WCS con 220 cm, con escala de precisión de 0,1 cm, juntamente con un cursor.

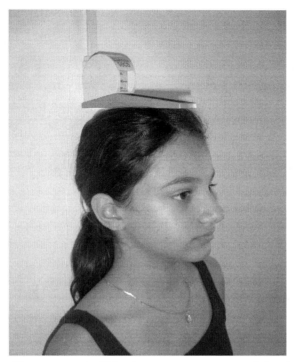

Figura 4.1 Medida de estatura corporal (cm).

La medida de peso corporal se ha realizado con una Balanza Plena, modelo "Control", con un control remoto con división de 100/100 gramos.

La composición corporal ha sido determinada por la técnica de espesura del tejido celular subcutáneo, por medio de la utilización de un adipometro científico del tipo CESCORF con precisión de 10 mg. Para eso, han sido estimados los pliegues cutáneos Subescapular (SE) y Tricipital (TR), todos de acuerdo con la estandarización descrita por Lohman, Roche y Martorell (1988).

 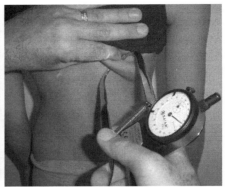

Figuras 4.2 a-b Medidas de pliegues cutáneos tricipital y subescapular (mm), utilizando un compás de pliegues marca CESCORF científico. El Índice de Masa Corporal (IMC) de la muestra ha sido calculado por el cociente peso corporal / estatura², siendo el peso corporal expreso en quilogramos (kg) y la estatura en metros (m).

$$IMC = \frac{Peso\ (kg)}{Estatura^2\ (m)}$$

Datos antropométricos y de la composición corporal

Los datos antropométricos y de la composición corporal son demostrados en las tablas 4.1 y 4.2, respectivamente. En el total, 65% de los sujetos eran niños y 35% eran niñas.

La clasificación de acuerdo con la tabla 4.2 de porcentaje para el sexo masculino demuestra que 40.66% están abajo del peso, 46% con peso normal y 13.34% con sobrepeso. Para el sexo femenino, los valores encontrados han sido de 23.25% abajo del peso, 61.62% con peso normal y 15.11% con sobrepeso.

El IMC ha sido clasificado de acuerdo con las tablas del NCHS (2000). Los sujetos han sido clasificados con porcentaje de IMC < 25, como abajo del peso, porcentual de ≥ 25 a < 35 como normales, y porcentaje de ≥ 35 como con sobrepeso, de acuerdo con las tablas que vienen a continuación.

Tabla 4.1 Valores medios de clasificación del IMC (k/m²), según el National Center for Health Statistics (NCHS)

Edad	Niños	Niñas
7	15.80	15.70
8	16.06	16.19
9	16.84	17.02
10	17.20	17.31
11	17.98	18.35
12	18.48	18.99
13	19.11	19.96
14	19.87	20.75

Fuente: Kuczmarski et al., 2000.

Tabla 4.2 Valores de media y desviación estándar de las medidas antropométricas e índice de masa corporal de las personas con deficiencia intelectual

Variable	Estatura (m)		Peso corporal (kg)		Índice de Masa Corporal (kg/m²)	
Faja etaria (años)	Niños	Niñas	Niños	Niñas	Niños	Niñas
7±	120.6 ±8.20	121.2 ±8.93	22.5 ±5.03	23.9 ±5.46	15.39 ±1.97	16.22 ±2.89
8±	124.7 ±9.21	129.2 ±4.38	24.8 ±6.69	24.83 ±3.87	15.8 ±2.62	14.87 ±2.29
9±	130.7 ±7.02	126.0 ±5.86	27.0 ±6.4	26.1 ±6.29	15.70 ±2.7	16.32 ±3.30
10±	136.4 ±8.6	134.0 ±11.63	30.7 ±6.9	27.4 ±8.02	16.9 ±3.24	15.0 ±2.80
11±	139.7 ±10.3	140.0 ±6.68	33.69 ±9.64	33.7 ±8.10	18.01 ±3.72	17.51 ±2.92
12±	146.8 ±8.87	144.7 ±9.28	39.35 ±10.7	39.83 ±13.50	18.35 ±3.51	18.59 ±4.62
13±	143.07 ±15.93	151.4 ±4,97	38.3 ±12.65	46.66 ±7.50	18.62 ±4.02	20.27 ±2.64
14±	154.5 ±12.1	151.6 ±7.32	45.21 ±11.9	41.48 ±4.57	18.65 ±3.65	18.10 ±2.34

Tabla 4.3 Valores de media y desviación estándar de las medidas de composición corporal de las personas de deficiencia intelectual

Variable	TR (mm)		SB (mm)		Suma Pliegues (TR + SB)		Grasa Relativa (%)		Masa Delgada (kg)	
Faja etaria (años)	Niños	Niñas	Niños	Niñas	Niños	Niñas	Niños	Niñas	Niños	Niñas
7±	7.92 ±2.72	12.40 ±6.57	6.2 ±2.33	9.81 ±6.12	14.12 ±4.97	22.17 ±12.32	13.61 ±4.62	19.36 ±8.72	19.31 ±3.08	18.90 ±2.49
8±	8.54 ±4.15	11.1 ±6.65	7.27 ±6.92	8.35 ±6.65	15.82 ±10.65	19.42 ±12.97	14.90 ±8.44	17.12 ±8.65	20.71 ±3.28	20.35 ±2.26
9±	9.95 ±5.81	11.1 ±4.94	7.39 ±4.76	13.6 ±12.1	17.33 ±10.51	24.65 ±16.46	15.27 ±8.57	20.82 ±10.61	22.46 ±3.12	20.02 ±2.12
10±	9.97 ±5.71	11.5 ±3.81	8.62 ±8.93	8.14 ±4.52	18.60 ±13.53	19.68 ±8.09	16.32 ±10.86	18.0 ±5.82	25.19 ±4.17	22.89 ±5.55
11±	11.46 ±7.13	12.6 ±3.34	8.83 ±5.87	10.83 ±4.28	19.85 ±13.05	23.47 ±7.10	16.56 ±10.56	21.05 ±4.94	27.40 ±6.03	27.15 ±4.68
12±	11.13 ±6.03	12.60 ±5.87	11.26 ±9.83	13.5 ±10.3	22.39 ±15.63	26.16 ±15.59	18.79 ±12.61	21.95 ±10.34	31.16 ±7.39	31.70 ±5.14
13±	10.33 ±6.91	14.60 ±4.34	10.08 ±6.11	14.3 ±6.13	20.41 ±12.13	28.9 ±9.33	16.38 ±10.38	24.67 ±5.71	31.25 ±7.12	34.95 ±4.75
14±	10.97 ±7.65	10.90 ±2.13	10.15 ±10.52	10.2 ±5.26	21.13 ±17.87	21.05 ±6.36	16.84 ±14.58	19.36 ±4.52	36.61 ±9.36	33.39 ±3.61

Según Meirelles et al. (1989), las alteraciones de la composición corporal, durante el crecimiento y desarrollo se relacionan con aspectos genéticos e influencias fenotípicas (por ejemplo, higiene ambiental, nutrición, entre otras).

Cuanto a las comparaciones entre fajas etarias en el mismo sexo, para el peso corporal (Tabla 4.4), en los niños los resultados se han presentado de manera muy regular hasta los 11 años, siendo que a los 12-13 años no hubo significancia y, a los 14 años, ha ocurrido más significancia.

Respecto a la estatura, hubo una regularidad entre las fajas etarias.

Tabla 4.4 Comparaciones interfajas etarias entre medidas de peso corporal, estatura, Índice de Masa Corporal (IMC) de los sujetos del estudio

Variables	Fajas Etarias							
Niños								
Peso corporal	7 af	8 bf	9 cf	10 df	11 ef	12	13	14 fabcde
Estatura	7 aefgh	8 befgh	9 ch	10 dh	11 abeh	12 abf	13 abg	14 abcdeh
IMC	7	8	9	10	11	12	13	14
Niñas								
Peso corporal	7 aefgh	8 befgh	9 cegh	10 deg	11	12 fab	13 gabcde	14 habce
Estatura	7 aefgh	8 befgh	9 cfhg	10 dgh	11 ea	12 fbca	13 gbcda	14 hbcdea
IMC	7	8	9	10	11	12	13	14

Las fajas etarias sobrescriptas con las mismas letras NO difieren estadísticamente (p<0,01)

Tabla 4.5 Comparaciones interfajas etarias entre medidas de espesura de Pliegue Cutáneo Tricipital (TR), espesura de Pliegue Cutáneo Subescapular (SB), grasa relativa (%) y masa delgada de los sujetos del estudio

Niños								
Variables	Fajas Etarias							
TR	7	8	9	10	11	12	13	14
SB	7	8	9	10	11	12	13	14
Suma de los pliegues (TR + SB)	7	8	9	10	11	12	13	14
Grasa Relativa %	7	8	9	10	11	12	13	14
Masa Delgada	7 afgh	8 bfgh	9 cgh	10 dh	11 eh	12 abcg	13 abcg	14 abcdeh
Niñas								
Variables	Fajas Etarias							
TR	7	8	9	10	11	12	13	14
SB	7	8	9	10	11	12	13	14
Suma de los pliegues (TR + SB)	7	8	9	10	11	12	13	14
Grasa Relativa %	7	8	9	10	11	12	13	14
Masa Delgada	7 aefgh	8 befgh	9 ceh	10 dfh	11 eah	12 fabd	13 gab	14 habced

Las fajas etáreas sobrescriptas con las mismas letras NO difieren estadísticamente (p<0,01)

Cuanto a la grasa relativa de los sujetos, no han sido encontradas diferencias entre las fajas etarias.

Sobre las cuestiones referentes a los componentes de grasa, la literatura especializada indica que a pesar de que las alteraciones endocrinas relativas a la llegada de la adolescencia y de la pubertad conduzcan las niñas a una superioridad en ese componente, en la niñez se espera que los resultados sean similares (Malina y Bouchard, 1988; Matsudo y Matsudo, 1995; Guedes y Guedes, 1997), lo que de alguna manera confirma los resultados de ese estudio. Así como la observación de la superioridad de los niños, en la mayoría de las veces, es algo previsto por algunos autores (Malina y Bouchard, 1988; Prista, 1995; Guedes y Guedes, 1997). En fin, por lo que parece, los comportamientos de las variables de la composición corporal constatadas en ese estudio son respuestas a los factores maturacionales, nutricionales y relativos a hábitos y estilo de vida.

En esas variables, cuando son realizadas las comparaciones entre las fajas etarias del mismo sexo (Tabla 4.5) se observa que tanto en niños como en niñas, las espesuras de pliegues cutáneos TR y SB, bien como los valores representativos de la grasa relativa no demuestran diferencias significativas entre las edades.

El resultado del test de coordinación motora puede ser utilizado como un marcador indirecto de actividad o inactividad física. Por esa razón, correlacionamos el peso corporal, la estatura y el Índice de Masa Corporal (IMC) con los resultados medios brutos del test de coordinación motora KTK.

Los resultados son presentados en la Tabla 4.6 para el sexo femenino y Tabla 4.7 para el sexo masculino.

Tabla 4.6 Correlación de las variables intervinientes: peso corporal, estatura e IMC con las variables de la coordinación motora: ER (Equilibrio a la Retaguardia), SM (Saltos Monopedales), SL (Saltos Laterales) y TL (Transposición Lateral) para el sexo femenino

Variable	ER	SM	SL	TL
Peso corporal	-,253*	-,381**	-,343**	-,238*
Estatura	-,165	-,298**	-,341**	-,205
IMC	-,244*	-,327**	-,253*	-,191

** Correlación significativa en nivel de p<0.01
* Correlación significativa en nivel de p<0.05

Las variables intervinientes u ocultas al estudio pueden interferir en el resultado de la variable efecto. Se observa que el peso corporal y la estatura son altamente significativos (p<0.01), cuando correlacionados con los saltos laterales y los saltos monopedales para ambos los sexos. Esas tareas requieren un grado de fuerza en la ejecución, lo que probablemente puede interferir en los resultados. En el IMC, solamente en la variable saltos monopedales hubo más significancia, posiblemente por ser la tarea del test que más necesita de la utilización de la fuerza y que probablemente puede sufrir interferencia del peso.

Cuanto a la tarea equilibrio a la retaguardia y en las transferencias laterales, solamente en el sexo masculino ha ocurrido significancia (p<0.05), lo mismo ha pasado con el IMC respecto al equilibrio a la retaguardia.

Tabla 4.7 Correlación de las variables intervinientes: peso corporal, estatura e IMC con las variables de la coordinación motora: ER (Equilibrio a la Retaguardia), SM (Saltos Monopedales), SL (Saltos Laterales) y TL (Transposición Lateral) para el sexo masculino

Variable	ER	SM	SL	TL
Peso corporal	-,0.98	-,263**	-,226**	-,102
Estatura	-,146	-,324**	-,295**	-,186*
IMC	-,028	-,123	-,0,91	-,019

** *Correlación significativa en nivel de p<0.01*
* *Correlación significativa en nivel de p<0.05*

Graf et al. (2004) han demostrado que los niños obesos/con sobrepeso tenían resultados inferiores al de los otros respecto al desarrollo motor global y de resistencia, aunque después de ajuste para género y edad. La correlación entre el IMC y los resultados de la coordinación (r=-0.164) y resistencia en el desempeño (r=-0.201) han sido solamente levemente pronunciados, pero esos resultados indican que la alta concentración de grasa corporal de hecho tiene consecuencias negativas. Ese resultado está de acuerdo con un estudio de Chatrath et al. (2002), en el cual se ha encontrado una correlación inversa entre la resistencia y el IMC en 525 niños. Por lo que se sabe, no hay estudio publicado sobre las correlaciones entre el desempeño en las tareas motoras del test de coordinación y obesidad o sobrepeso.

Capítulo 5

El Test de Coordinación Motora KTK
(Körperkoordinationstest für Kinder)

El KTK se compone de cuatro pruebas, todas ellas visando la caracterización de facetas de la coordinación corporal total y el dominio corporal (Kiphard y Schilling, 1974). Se trata de una batería homogénea.

El KTK utiliza las mismas tareas de coordinación para varias edades. Para eso, los contenidos de las tareas tienen que presentar dificultades añadidas conforme los individuos sean mayores. La diferenciación por edades, por ejemplo, es alcanzada según criterios como:

1. Aumento de la altura o distancia;
2. Aumento de la velocidad;
3. Más precisión en la ejecución medida, por ejemplo, en función del mayor número de aciertos en determinado número de tentativas (Kiphard, 1976).

Para poder conseguir una mejor diferenciación de resultados en los límites de edad inferior y superior, las tareas del KTK han sido testadas según varias exigencias y con varias configuraciones de material, hasta encontrar y comprobar la mejor solución. También las instrucciones para la realización del test han sido revistas y para cada tarea, el evaluado ha tenido la oportunidad de realizar ejercicios previos para que se adaptase al material. La confiabilidad de la batería ($r = 0.90$) ha sido establecida por el método de correlación test/retest en 1.228 niños en edad escolar (Kiphard y Schilling, 1974).

Para evaluar la capacidad de coordinación corporal, se ha utilizado el test compuesto de cuatro tareas de la batería KTK que van a ser descritas a continuación, bien como la utilización de las tablas normativa anexas a ese estudio. Esas tablas han servido de base para determinar los coeficientes motores para el modelo de regresión linear.

TAREA 1 EQUILIBRIO A LA RETAGUARDIA (ER)

Objetivo: estabilidad del equilibrio en marcha para atrás sobre la trabe.

Material: han sido utilizadas tres trabes de 3m de largura y 3 cm de altura, con anchuras de 6, 4.5 y 3 cm. En la parte inferior, se prenden pequeños largueros de 15 x 1.5 x 5 cm, con espacios de 50 en 50 cm. Con eso, las trabes alcanzan una altura total de 5 cm. Como superficie de apoyo para la salida, se pone delante de la trabe una plataforma midiendo 25 x 25 x 5 cm. Las tres trabes de equilibrio son puestas paralelamente.

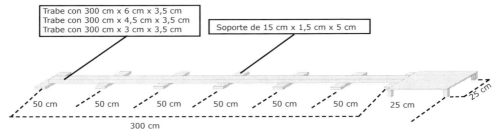

Figura 5.1 Dimensiones de la trabe de equilibrio.

Ejecución: la tarea consiste en caminar para atrás sobre tres trabes de madera con espesuras diferentes. Son válidas tres tentativas en cada trabe. Durante el desplazamiento (pasos) no es permitido tocar el suelo con los pies. Antes de las tentativas válidas, el sujeto tendrá un preejercicio para que se adapte a la trabe, en el cual realiza un desplazamiento para delante y otro para atrás.

En el ejercicio-ensayo, el individuo tiene que equilibrarse, caminando a la retaguardia, en toda la extensión de la trabe (si el individuo pone el pie en el suelo, debe seguir en el mismo punto) para que pueda estimar mejor la distancia a ser pasada y familiarizarse más intensivamente con el proceso de equilibrio. Si el sujeto pone el pie en el suelo (en cualquier tentativa válida), él tendrá que volver a la plataforma de inicio y hacer el próximo pasaje válido (son tres tentativas válidas en cada trabe). Así, en cada trabe, el individuo hará un ejercicio-ensayo, o sea, andará una vez para delante y una vez para atrás; en seguida, para medición del rendimiento, andará tres veces para atrás, de acuerdo con la figura 5.2.

Figura 5.2 Ejecución sobre la trabe de equilibrio.

Evaluación de la tarea: para cada trabe se contabilizan tres tentativas válidas, lo que hace un total de nueve tentativas. Se cuenta la cantidad de apoyos (pasos) sobre la trabe en el desplazamiento a la retaguardia con la siguiente indicación: el alumno está parado sobre la trabe, el primero pie de apoyo no es considerado como punto de valorización. Solamente desde el momento del segundo apoyo es que se empieza a contar los puntos. El evaluador tiene que contar alto la cantidad de pasos hasta que un pie toque el suelo o hasta que sean atingidos 8 puntos (pasos). Por ejercicio y por trabe solo se pueden atingir 8 puntos. La puntuación máxima posible será de 72 puntos. El resultado será igual a la suma de apoyos a la retaguardia en las nueve tentativas.

Planilla de la tarea equilibrio a la retaguarda: se anota el valor de cada tentativa correspondiente a cada trabe (Tabla 5.1), haciéndose la suma horizontal de cada una. Después de sumar las columnas horizontales, se hace la suma en la vertical, obteniéndose, de esa forma, el valor bruto de la tarea. Después de realizar ese procedimiento, se verifica en la Tabla A1 (ver Anexo) tanto para el sexo masculino como para el femenino, en la columna izquierda, el valor correspondiente al número del escore y lo relaciona con la edad del individuo. En ese cruce de las informaciones, se obtiene el Cociente Motor (CM) de la tarea.

Tabla 5.1 Planilla de la tarea Equilibrio a la Retaguardia

Trabe	1	2	3	Suma
6.0 cm				
4.5 cm				
3.0 cm				
	Escore CM1			

TAREA 2 SALTOS MONOPEDALES (SM)

Objetivo: coordinación de los miembros inferiores; energía dinámica/fuerza.

Material: se usan 12 bloques de espuma, midiendo cada uno 50 x 20 x 5 cm.

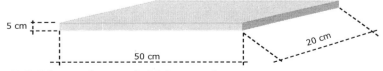

Figura 5.3 Dimensiones del bloque de espuma.

Ejecución: la tarea consiste en saltar uno o más bloques de espuma puestos unos sobre los otros, con una de las piernas.

El evaluador demuestra la tarea, saltando con una de las piernas por encima de un bloque de espuma, puesto transversalmente en la dirección del salto, con una distancia de impulso de aproximadamente 1.50 m.

La altura inicial a ser contada como pasaje válido se basa en el resultado del ejercicio-ensayo y en la edad del individuo. Con eso, hay que alcanzar más o menos los mismos números de pasajes que van a ser ejecutados por los sujetos en las diferentes fajas etarias. Están previstos dos ejercicio-ensayos para cada pierna (derecha e izquierda).

Para sujetos de 5 a 6 años, se solicitan como ejercicio-ensayo dos pasajes de 5 saltos por pierna, sin los bloques de espuma

---

Evaluación de la tarea:
Para cada altura, los pasajes son evaluados de la siguiente manera:
En la primera tentativa válida – 3 puntos
En la segunda tentativa válida – 2 puntos
En la tercera tentativa válida – 1 punto

(nivel cero). El individuo, saltando con éxito en una pierna, inicia el primero pasaje válido, con 5 cm de altura (un bloque). Eso es válido para la pierna derecha e izquierda, separadamente. El individuo que no consigue pasar esa altura saltando en una pierna inicia la evaluación con nivel cero.

Desde los 6 años, los dos ejercicio-ensayo para la pierna derecha e izquierda son hechos con un bloque de espuma (altura = 5 cm). El individuo que no consigue pasar empieza como antes, con 0 cm de altura; si es bien sucedido, inicia la evaluación en la altura recomendada para su edad.

Si en el pasaje válido en la altura recomendada, el individuo comete errores, esa tentativa es anulada. El individuo reinicia el primero pasaje con 5 cm (un bloque).

Alturas recomendadas para el inicio del test en años de edad:

---

5 a 6 años – ningún bloque de espuma
6 a 7 años – 5 cm (1 bloque de espuma)
7 a 8 años – 15 cm (3 bloques de espuma)
9 a 10 años – 25 cm (5 bloques de espuma)
11 a 14 años – 35 cm (7 bloques de espuma)

Para saltar los bloques de espuma, el individuo necesita de una distancia de aproximadamente 1.50 m para impulsión, que también hay que ser pasada en saltos en la misma pierna. El evaluador tendrá que apretar visiblemente los bloques para bajo, al iniciar la tarea, a fin de demostrar al individuo que no hay peligro, si el mismo entra en choque con el material. Después de ultrapasar el bloque, el individuo tiene que dar por lo menos más dos saltos con la misma pierna, para que la tarea pueda ser acepta como realizada. Están previstos hasta tres pasajes válidos por pierna, en cada altura, de acuerdo con la Figura 5.4.

En las alturas iniciales, desde 5 cm, son dados 3 puntos para cada altura abajo, cuando el primero pasaje tenga éxito.

Figura 5.4 Saltos Monopedales (SM).

Como error se considera el toque en el suelo con la otra pierna, o derribar dos bloques, o también, después de ultrapasar el bloque de espuma, tocar los dos pies juntos en el suelo, por eso se pide que después de transponer los bloques de espuma que sean dados dos saltos más.

Caso el individuo erre en las tres tentativas válidas, en una determinada altura, la continuidad solamente va a ser hecha si en los dos pasajes (alturas) anteriores hay un total de 5 puntos. De lo contrario, la tarea es interrumpida. Eso es válido para la pierna derecha y para la pierna izquierda.

Con los 12 bloques de espuma (altura = 60 cm), pueden ser alcanzados como máximo 39 puntos por pierna, totalizando, así, 78 puntos.

Tabla 5.2 Planilla de la tarea Saltos Monopedales (SM)

Altura	00	5	10	15	20	25	30	35	40	45	50	55	60	Suma
Derecha														
Izquierda														
						Escore CM2								

Los valores son anotados en las respectivas alturas, siendo que si el individuo empieza la tarea con una altura de 15 cm, por ejemplo, en los números anteriores van a ser anotados los valores de tres puntos. Las alturas que no son ultrapasadas después del término de la tarea tienen que ser llenadas con el valor cero. Se suman horizontalmente los puntos para la pierna derecha e izquierda y verticalmente en la columna "suma" de la tabla para que se obtenga el resultado del valor bruto de la tarea. Después de realizar ese procedimiento, se verifica en la Tabla A2 (ver Anexo) para el sexo masculino y Tabla A3 (ver Anexo) para el sexo femenino, en la columna izquierda el valor correspondiente al número del escore y lo relaciona con la edad del individuo. En ese cruce de las informaciones, se obtiene el Cociente Motor (CM) de la tarea.

TAREA 3 SALTOS LATERALES (SL)

Objetivo: velocidad en saltos alternados.

Material: una plataforma de madera (compensado) de 60 x 50 x 0.8 cm, con un listón divisorio de 60 x 4 x 2 cm y un cronómetro.

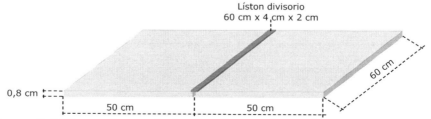

Figura 5.5 Dimensiones de la plataforma de madera para los saltos laterales.

Ejecución: la tarea consiste en saltar de un lado a otro, con los dos pies al mismo tiempo, lo más rápido posible, durante 15 segundos.

El evaluador demuestra la tarea, poniéndose al lado del listón divisorio, saltando por encima, de un lado a otro, con los dos pies al mismo tiempo. Hay que evitar el pasaje alternado de los pies (uno después del otro).

Como ejercicio-ensayo son previstos cinco saltos.

Sin embargo, no es considerado error cuando los dos pies son pasados respectivamente sobre el listón divisorio, de un lado para el otro.

Caso el individuo toque el listón divisorio, salga de la plataforma o pare durante un momento o salto, la tarea no debe ser interrumpida, sin embargo, el evaluador debe instruir inmediatamente el individuo: "¡Sigue! ¡Sigue!". Sin embargo, si el individuo no se comporta de acuerdo con la instrucción dada, la tarea es interrumpida y reiniciada después de nueva instrucción y demostración. Caso haya interferencia por medio de estímulos externos que desvíen la atención del ejecutante, no será registrado como tentativa válida, así, será reiniciada la tarea. No deben ser permitidas más que dos tentativas no evaluadas.

Como total, son ejecutados dos pasajes válidos.

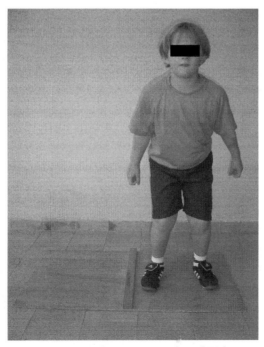

Figura 5.6 Saltos Laterales (SL).

Evaluación de la tarea: se registra el número de saltos dados, en dos pasajes de 15 segundos (saltando para un lado, se cuenta 1 punto; volviendo, se cuenta otro, y así sucesivamente).

Como resultado final de la tarea, tendremos la suma de saltos de los dos pasajes válidos.

Tabla 5.3 Planilla de la tarea Saltos Laterales

Saltar 15 segundos	1	2	Suma
	Escore CM3		

Se anotan los valores de la primera y segunda tentativa válidas y, en seguida, se suman esos valores en la horizontal, obteniéndose el valor bruto de la tarea.

Después de realizar ese procedimiento, se verifica en la Tabla A4 para el sexo masculino y Tabla A5 para el sexo femenino, en la columna izquierda, el valor correspondiente al número del escore y lo relaciona con la edad del individuo. En ese cruce de las informaciones, se obtiene el Cociente Motor (CM) de la tarea.

TAREA 4 TRANSPOSICIÓN LATERAL (TL)

Objetivo: lateralidad; estructuración espacio-temporal.

Material: un cronómetro y dos plataformas de madera con 25 x 25 x 1.5 cm, en cuyas esquinas se encuentren, atornillados cuatro pies con 3.5 cm de altura.

En la dirección de desplazarse, hay que haber un área libre de 5 a 6 m.

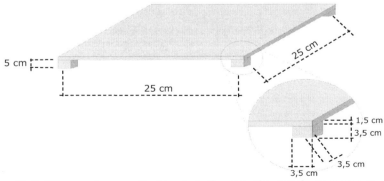

Figura 5.7 Dimensiones de la plataforma de madera para transposiciones laterales.

Ejecución: la tarea consiste en desplazarse sobre las plataformas que están puestas en el suelo, en paralelo, una al lado de la otra, con un espacio alrededor de 12.5 cm entre ellas. El tiempo de duración será de 20 segundos, y el individuo tendrá dos tentativas para la realización de la tarea.

Primeramente, el evaluador demuestra la tarea de la siguiente manera: se pone de pie sobre la plataforma de la derecha puesta delante de si; agarra la de la izquierda con las dos manos y la pone a su lado derecho, pasando a pisar sobre ella, liberando su izquierda, y así sucesivamente (la transposición lateral puede ser hecha para la derecha o para la izquierda, de acuerdo con la preferencia del individuo. Hay que mantener esa dirección en los dos pasajes válidos).

El evaluador demuestra que en la ejecución de esa tarea se trata, en principio, de la velocidad de la transposición. Él también avisa que poner las plataformas muy cerca o muy distantes puede traer desventajas en el rendimiento a ser mensurado.

Caso ocurran interferencias externas durante la ejecución que desvíen la atención del individuo, la tarea debe ser interrumpida, sin considerarse lo que estaba siendo desarrollado. En el caso de haber apoyo de las manos, toque de pies en el suelo, caída o cuando la plataforma sea agarrada solamente con una de las manos, el evaluador debe instruir el individuo a seguir y, si es necesario, hacer una rápida corrección verbal, sin interrumpir la tarea. Sin embargo, si el individuo no se comporta de acuerdo con la instrucción dada, la tarea es interrumpida y repetida después de nueva instrucción y demostración. No deben ser permitidas más que dos tentativas fallas.

Se ejecutan dos pasajes de 20 segundos, debiendo mantenerse un intervalo de por lo menos 10 segundos entre ellos.

El evaluador cuenta los puntos en voz alta; él debe asumir una posición con relación al individuo (distancia no mayor que 2 m), moviéndose en la misma dirección elegida por el evaluado. Con ese procedimiento, se asegura la transposición lateral de las plataformas, evitándose que sean puestas adelante.

Tras la demostración por el evaluador, sigue el ejercicio-ensayo, en el cual el individuo tiene que transponer de 3 a 5 veces la plataforma. Se da la siguiente instrucción, según se demuestra en la Figura 5.8.

Figura 5.8 Transposiciones laterales.

Evaluación de la tarea: se cuenta tanto el número de transposiciones de las plataformas como las del cuerpo, en un tiempo de 20 segundos. Se cuenta 1 punto cuando la plataforma libre sea apoyada del otro lado; 2 puntos cuando el individuo pase con los dos pies para la plataforma libre, y así sucesivamente. Se suman los puntos de dos pasajes válidos.

Tabla 5.4 Planilla de la tarea Transposición Lateral

Desplazar 20 segundos	1	2	Suma
Escore CM4			

Se anotan los valores de la primera y segunda tentativas válidas, en seguida, se suman esos valores en la horizontal, obteniéndose el valor bruto de la tarea. Tras realizar ese procedimiento, se verifica en la Tabla A6 tanto para el sexo masculino como para el sexo femenino, en la columna izquierda, el valor correspondiente al número del escore y lo relaciona con la edad del individuo. En ese cruce de informaciones, se obtiene el Cociente Motor (CM) de la tarea.

Ecuaciones para la estimativa de la coordinación motora en portadores de deficiencia intelectual

El primero objetivo de ese estudio ha sido proponer un referencial de evaluación para coordinación motora, utilizando el test KTK. Para eso, por medio de un modelo matemático, utilizándose 80 sujetos del sexo masculino y 80 del sexo femenino, se ha propuesto una ecuación de regresión linear múltipla. Los valores encontrados en la correlación múltipla en ese estudio fueron de 0.9991, con un R2 de 0.9983, equivalente a 99.83% y con un Error Padrón (EP) de 0.7957.

Para el desarrollo de la ecuación, han sido incluidos 80 sujetos del sexo masculino, presentando edades entre 7 y 14 años.

Debido a la dimensión de la muestra en cada intervalo etario, no ultrapasada por cualquier estudio realizado hasta el presente momento en Brasil, con personas con deficiencia intelectual, los resultados encontrados pueden servir de valores de referencia, pero con las debidas reservas.

Ecuación de regresión linear múltipla para el sexo masculino

$$(MC_1 = TI_1 + a_1*ER_1 + a_2*SM_1 + a_3*SL_1 + a_4*TL_1)$$

Constante .... $TI_1 = 16.558060$

a_1 coeficiente de $ER_1 = 0.260163$
a_2 coeficiente de $SM_1 = 0.256965$
a_3 coeficiente de $SL_1 = 0.262374$
a_4 coeficiente de $TL_1 = 0.244720$

ECUACIÓN DE REGRESIÓN LINEAR MÚLTIPLA

$MC = 16.558060 + 0.260163*ER_1 + 0.256965*SM_1 + 0.262374*SL_1 + 0.244720*TL_1$

Coeficiente de Múltipla Correlación................. $R = 0.9991$
Coeficiente de Determinación......... $R2 = 0.9983$ o 99.83%
Estimativa del Error Padrón................................. $EP = 0.80$

Dados los coeficientes a_1, a_2, a_3 y a_4, concluimos que cada punto realizado a más en la tarea Equilibrio a la Retaguardia (ER) representará un aumento de 0.260163 unidades en el CM_1, que cada cm de aumento en el Salto Monopedal (SM) reflejará en un aumento de 0.256965 unidades en el CM_2, cada punto de aumento en el Salto Lateral repercutirá en un aumento de 0.262374 unidades en el CM_3 y cada punto en la Transposición Lateral (TL) influirá en un aumento de 0.244720 unidades en el CM_4.

Para hacer las estimativas de los niveles de Cociente Motor de la Coordinación Motora utilizándose la Ecuación de Regresión Linear Múltipla determinada arriba, llevamos en consideración los intervalos en que las variables independientes son definidas de la siguiente manera:

$ER_1 \in [27, 110]$

$SM_1 \in [10, 112]$

$SL_1 \in [16, 106]$

$TL_1 \in [16, 93]$

Conviene esclarecer que la ecuación de regresión múltipla atingirá un valor mínimo y un valor máximo dentro de esos intervalos, como ejemplo:

ER = 27, SM = 10, SL = 16 y TL = 16, así:
$CM_{li} = 33.75$; CM = 34.27 y $CM_{ls} = 34{,}78$
y
ER = 110, SM = 112, SL = 106 y TL = 93, así:
$CM_{li} = 124.44$; CM = 124.53 y $CM_{ls} = 124.61$

Cómo utilizar la ecuación:

Los valores encontrados en la sumatoria de los resultados deben ser puestos en las respectivas indicaciones en la ecuación:

Ejemplo: un sujeto (sexo masculino) presenta los siguientes resultados:

Equilibrio a la Retaguardia (ER) – 45 puntos
Saltos Monopedales (SM) – 38 puntos
Saltos Laterales (SL) – 36 puntos
Transposición Lateral – (TL) – 26 puntos

Ecuación:

MC = 16,558060 + 0,260163*45+ 0,256965*38 + 0,262374*36 + 0,244720*26

ECUACIÓN DE REGRESIÓN LINEAR MÚLTIPLA PARA EL SEXO FEMENINO

$(MC_2 = TI_2 + b_1*ER_2 + b_2*SM_2 + b_3*SL_2 + b_4*TL_2)$

Constante .... TI_2 = 16.357210

b_1 coeficiente de ER_2 = 0.260721
b_2 coeficiente de SM_2 = 0.216120
b_3 coeficiente de SL_2 = 0.262819
b_4 coeficiente de TL_2 = 0.291581

ECUACIÓN DE REGRESIÓN LINEAR MÚLTIPLA

MC2 = 16.357210 + 0.260721*ER2 + 0.216120*SM2 + 0.262819*SL2 + 0.291581*TL2

Coeficiente de Múltipla Correlación.................R = 0.9956
Coeficiente de Determinación......... R^2 = 0.9912 o 99.12 %
Estimativa del Error Padrón................................... E_p = 1.79

Los coeficientes b_1, b_2, b_3 y b_4 indican que cada cm de aumento en el Equilibrio a la Retaguardia (ER_2) representará un aumento de 0.260163 unidades en el Coeficiente Motor (MC_2), cada cm de aumento en el Salto Monopedal (SM_2) reflejará en un aumento de 0.256965 unidades en el MC_2, cada cm de aumento en el Salto Lateral (SL_2) repercutirá en un aumento de 0.262374 unidades en el MC_2 y cada cm de aumento en la Transposición Lateral (TL_2) influirá en un aumento de 0.244720 unidades en el MC_2.

Para hacer estimativas de la Coordinación Motora (MC2) utilizándose la ecuación de regresión linear múltipla determinada arriba, considerando los intervalos en que las variables independientes están definidas, así:

$ER_2 \in [27, 119]$

$SM_2 \in [11, 135]$

$SL_2 \in [11, 131]$

$TL_2 \in [20, 110]$

Conviene esclarecer que la Ecuación de Regresión Múltipla atingirá un valor mínimo y un valor máximo dentro de esos intervalos cuando:

$ER_2 = 27$, $SM_2 = 11$, $SL_2 = 11$ y $TL_2 = 20$, así:
$MC_{2(inf)} = 34.27$; $MC_2 = 34.50$ y $MC_{2(sup)} = 34.72$
y
$ER_2 = 119$, $SM_2 = 135$, $SL_2 = 131$ y $TL_2 = 110$, así:
$MC_{2(inf)} = 142.83$; $MC_2 = 143.06$ y $MC_{2(sup)} = 143.29$

Podemos observar como ejemplo algunas tablas de subintervalos.

Tabla 5.5 Matriz de reclasificación de la coordinación motora para el sexo masculino

Muy buena coordinación	109 arriba
Buena coordinación	90 – 108
Coordinación normal	71 – 89
Perturbación en la Coordinación	53 – 70
Insuficiencia de Coordinación	Hasta 52

Tabla 5.6 Matriz de reclasificación de la coordinación motora para el sexo femenino

Muy buena coordinación	121 arriba
Buena coordinación	100 – 120
Coordinación normal	80 – 99
Perturbación en la Coordinación	57 – 79
Insuficiencia de Coordinación	Hasta 56

Consideraciones finales

La búsqueda por profundizar el conocimiento hasta entonces alcanzado en estudios sobre la coordinación motora en niños y adolescentes con deficiencia intelectual ha resultado de la importancia y significado que ese aspecto asume en la adaptación de las conductas y acciones humanas, delante de los permanentes y sucesivos estímulos internos y externos como, por ejemplo, el factor de soporte para el aprendizaje de habilidades, como dato indicador de insuficiencias de coordinación motora y control motor.

Los tests de coordinación motora y la práctica de evaluación en estudiantes no representan una tradición en nuestro país y han sido objeto de críticas en cuestiones de orden epistemológica (significado, evolución y existencia de los componentes de coordinación motora) y técnica (validad, confiabilidad y objetividad de los tests) que impiden su uso generalizado.

El uso de tests para evaluar la coordinación motora permite conocer y posteriormente promover intervenciones con el fin de minimizar las dificultades de aprendizaje escolar que es producto de los perjuicios motores. Cuando se constatan dificultades en alumnos, el hecho de realizar pruebas motoras puede ayudar a determinar las causas de las posibles alteraciones. De esa manera, también puede ser elaborado un programa de intervención y de reeducación motora.

Es importante recordar que el carácter estadístico de las normas de referencia de los tests no engloba el mismo valor para todas las poblaciones, teniendo en cuenta los aspectos de las variables ecológicas (etnias, culturales, antropológicas, etc.)

Aunque por medio de la aplicación de tests, es evidente que existen aspectos cualitativos de las funciones intelectuales y funcionales del organismo humano que permanecen inaccesibles. Es innegable, a pesar de esas restricciones, que los tests son muy útiles, pues permiten apreciar, con margen de error muy pequeña, la importancia de los datos por ellos detectados, tanto en populaciones normales como para aquellas que presentan perturbaciones de desarrollo de manera general.

Las informaciones producto de la coordinación motora no deben ahorrar esfuerzos en el sentido de:

1. Dar al alumno informaciones sobre el nivel de desarrollo de las capacidades coordinativas;
2. Motivar los alumnos al perfeccionamiento y mejora de sus niveles coordinativos;
3. Enseñar la importancia de su desarrollo en la formación corporal y en el aumento de otras capacidades motoras y deportivas.

La elección y el manejo de un instrumento de evaluación van a estar condicionados por diversos factores, como formación y experiencia profesional; manoseo del material; aplicación práctica; población; interpretación de los resultados, entre otros, los cuales tienen que ser integrados con otras informaciones (datos personales, evaluación escolar, examen médico, etc.).

BIBLIOGRAFÍA

ADAPTED PHYSICAL ACTIVITY QUARTERLY KINESIOLOGY DEPT. STATION, DENTON: HUMAN KINETICS, v. 13, n. 4, 1996.

AJURIAGUERRA, J. *Manual de psiquiatria infantil*. Rio de Janeiro: Masson/Atheneu, s. a. p. 209-260.

AMERICAN ASSOCIATION ON MENTAL RETARDATION. *Mental Retardation*: Definition, Classification and Systems of Supports. 9. ed. Washington, DC: Author, 1992.

AMERICAN PSYCHIATRIC ASSOCIATION. *Diagnostic and Statistical Manual of Mental Health Disorders*. 4. ed. Washington, DC: APA, 1994.

ANDRADE, M. J. L. *A coordenação motora*: estudo em crianças do ensino básico da região Autônoma da Madeira. 1996. Disertación (Maestría) – FCDEF-UP, Porto, 1996. No publicada.

_____. *Distúrbios psicomotores*: uma visão crítica. São Paulo: EPU, 1984. p. 79.

APPEL, H. J.; STANG-VOSS, C. *Funktionelle Anatomie*: Grundlagen Sporticher Leistung und Bewegung. München: J. F. Bergmann Verlg, 1986.

ARNHEIM, R.; SINCLAIR, W. A. *The Clumsy Child*: A Program of Motor Therapy. 2. ed. St. Louis: Mosby, 1979.

AYRES, A. J. *Southern California Sensory Integration Test*. Los Angeles: Western Psychological Services, 1972.

BERGER, B. G.; LARKIN, D.; RODE, B. Coordination and Gender Influences on the Perceived Competence of Children. *Adap. Phys. Activ. Quart.*, v. 14, p. 210-21, 1997.

BERNSTEIN, N. A. *The Co-ordination and Regulation of Movement*. Londres: Permagon, 1967.

BIANCHETTI, L.; PEREIRA, V. R. Educação Física para deficientes auditivos: uma abordagem pedagógica. *Rev. Educ. Fís. UEM*, v. 5, n. 1, 1994.

BLOCK, M. E.; LIEBERMAN, L. J; CONNOR-KUNTZ, F. Authentic Assessment in Adapted Physical Education. *Joperd*, v. 69, n. 3, 1998.

BOUCHARD, C.; JOHNSTON, F. F. *Fat Distribution During Growth and Later Health Outcomes*. New York: Alan R. Lies, 1988. p. 63-84.

BRUININKS, R. H. *Bruininks-Oseretsky Test of Motor Proficiency Examiner's Manual*. Circle Pines: American Guidance Service, 1978.

BURTON, A. W.; MILLER, H. C. *Movement Skill Assessment*. Champaign: Human Kinetics, 1998.

BURTON, A. W.; RODGERSON, R. W. New Perspectives on the Assessment of Movement Skills and Motor Abilities. *Adapt. Phys. Activ. Quart.*, v. 18, p. 347-65, 2001.

CAMACHO-ARAYA, T.; WOODBURN, S. S.; BOSCHINI, C. Reliability of the Prueba de Coordinación Corporal para Niños (Body Coordination Test for Children). *Percept. Mot. Skills*, v. 70, p. 832-4, 1990.

CAMPOS, L. F. L. Métodos e técnicas de pesquisa em Psicologia. 1. ed. São Paulo: Alínea, 2000. p. 158.

CHATRATH, R. et al. Physical Fitness of Urban American Children. *Pediatr. Cardiol.*, v. 23, n. 6, p. 608-12, 2002.

CLIFTON, M. A. Practice Variability and Children's Motor Behavior. *Percept. Motor Skills*, v. 60, n. 2, p. 471-6, 1985.

COSTALLAT, D. M. *Psicomotricidade*: a coordenação visomotora e dinâmica manual da criança infradotada método de avaliação e exercitação gradual básica. 6. ed. Rio de Janeiro: Globo, 1985.

CRARK, J. E. Motor development. *Encyclopedia of Human Behavior*, 1993. v. 1-4, p. M20-1, M20-11.

CRATTY, B. J. *Perceptual-motor Behavior and Educational Processes*. Springfiel, IL: Charles C. Thomas, 1969.

CRATTY, B. J. *Motor Activity and Education of Retardates*. Philadelphia: Lea e Febiger, 1974.

_____. *Perceptual and Motor Development in Infants and Children*. 2. ed. New Jersey: Prentic-Hall, 1976.

CRATTY, B. J. *Perceptual and Motor Development in Infants and Children.* 3. ed. New Jersey: Prentice-Hall, 1990.

DEPAUW, K. Teaching and Coaching Individuals with Disabilities: Research Findings and Implications. *Phys. Edu. Review*, v. 33, n. 1, p. 12-16, 1990.

DIEM, L.; SCHOLTZMETHNER, R. *Ginástica escolar especial.* Rio de Janeiro: Entrelivros Cultural, 1978. p. 23-25.

DWYER, C.; MCKENZIE, B. E. Impairment of Visual Memory in Children Who are Clumsy. *Adap. Phys. Activ. Quart.*, v. 11, 1994. p. 179-189.

EICHSTAEDT, C. B.; LAVAY, B. W. *Physical Activity for Individuals with Mental Retardation*: Infancy Througt Adulthood. Champaign: Human Kinetics, 1992.

ELMAM, L. Psicomotricidade: aspectos ligados à construção do esquema corporal. *Rev. Prof.*, n. 8, Porto Alegre, p. 12-18, 1992.

FERNANDES, L. P. *Estudo diagnóstico comparativo do desempenho motor coordenado de crianças de 9 e 10 anos.* 1999. Monografía (Especialización en Educación Física) – Universidade Estadual de Maringá, UEM, Maringá, 1999.

FERREIRA, A. I. F. *Avaliação Motora para a pessoa deficiente mental nas APAEs da região de Campinas-SP*: um estudo de caso. 1997. Doctorado (Tesis) – UNICAMP, Campinas, 1997.

FISCHER, A. G. *Assessment of Motor and Process Skill.* Fort Collins: Three Star, 1995.

FLINCHUM, B. M. *Desenvolvimento motor da criança.* Rio de Janeiro: Interamericana, 1981.

FONSECA, V. *Manual de observação psicomotora*: significação psiconeurológica dos fatores psicomotores. Porto Alegre: Artes Médicas, 1995. p. 371.

FONSECA, V.; MENDES, N. *Escola, escola, quem és tu?* Porto Alegre: Artes Médicas, 1987.

FOX, A. M.; LENT, B. Clumsy children. Primer on Developmental Coordination Disorder. *Can. Fam. Physician.*, n. 42, p. 1965-1971, 1996.

GALLAHUE, D. L. *Understanding Motor Development in Children.* New York: John Wiley e Sons, 1982.

_____. *Understanding Motor Development, Infants, Children, Adolescents.* 2. ed. Indiana: Benchmark, 1989.

_____. *Apontamentos extraídos do curso de desenvolvimento motor.* Maringá: UEM, 1998.

GALLAHUE, D. L.; OZMUN, J. C. *Compreendendo o desenvolvimento motor: bebês, crianças, adolescentes e adultos.* Traducción Maria Aparecida da Silva Pereira Araújo. São Paulo: Phorte, 2001.

GEUZE, R. H.; KALVERBOER, A. F. Inconsistency and Adaptation in Timing of Clumsy Children. *J. Hum. Mov. Stud.*, v. 13, p. 421-32, 1987.

GIACOMINI, T. M. *Efeitos de atividades motoras no processo inicial de alfabetização em classes especial*: uma pesquisa em classes especiais de Vitória-ES. 1985. p. 161. Disertación (Maestría en Educación Física) – Universidade de São Paulo, São Paulo, 1985.

GOMES, M. P. B. B. *Coordenação, aptidão física e variáveis do envolvimento*: estudo em crianças do 1o ciclo de ensino de duas freguesias do conselho de Matosinhos. 1996. Tesis (Doctorado) – FCDEF-UP, Porto, 1996.

GONÇALVES, G. A. C. Emergência de padrões no desenvolvimento motor. In: PELLEGRINI, A. M. (Org.). *Coletânea de estudos*: comportamento motor I. São Paulo: Movimento, 1997.

GORLA, J. I. et al. Testes de avaliação para pessoas com deficiência mental: identificando o KTK. *Arq. Ciênc. Saúde Unipar*, v. 4, n. 2, 2000.

GORLA, J. I. *Coordenação corporal de portadores de deficiência mental*: avaliação e intervenção. Campinas, 2001. Dissertación (Maestría en Educación Física) – Universidade Estadual de Campinas, 2001.

GRAF, C. et al. Correlation Between BMI, Leisure Habits and Motor Abilities in Childhood (CHILT-Project). *Int. J. Obes.*, v. 28, p. 22-26, 2004.

GRIFFITHS, R. *The Abilities of Young Children*: A Comprehensive System of Mental Measurement for the First Eigth Years of Life. London: Child Development Research Centre, 1970.

GROSSMAN, H. J. *Classification in Mental Retardation*. Washington, DC: American Association on Mental Deficiency, 1983.

GUBBAY, S. S. Clumsy Children in Normal Schools. *Med. J. Aust.*, v. 1, p. 233-236, 1975.

GUEDES, J. E. R. P.; GUEDES, D. P. Características dos programas de educação física escolar. *Rev. Paul. Edu. Fís.*, v. 11, n. 1, p. 49-62, 1997.

HARROW, A. J. *Taxionomia do domínio psicomotor*. Porto Alegre: Globo, 1983.

HARTER, S. A. Model of Intrinsic Mastery Motivation in Children: Individual Differences and Developmental Change. In: COLLINS, W. A. (Ed.). *Minnesota Symposia on Child Psychology*. Hillsdale: Erlbaum, 1981. v. 14, p. 215-255.

HEBESTREIT, H. et al. Head Size and Motor Performance in Children Born Prematurely. *Med. Sci. Sports. Exerc.*, v. 35, n. 6, p. 914-22, 2003.

HENDERSON, S. E.; HALL, D. Concomitants of Clumsiness in Young Children. *Dev. Med. Child Neurol.*, v. 24, p. 448-60, 1982.

HENDERSON, S. E.; MAY, D. S.; UMNEY, M. An Exploratory Study of Goalsetting Behaviour, Self-concept and Locus of Control in Children with Movement Difficulties. *Eur. J. Spec. Needs Educ.*, v. 4, p. 1-13, 1989.

HENDERSON, S. E.; MORRIS, J.; RAY, S. Performance of Down Syndrome and Other Retarded Children on the Cratty Gross Motor Test. *Am. J. Ment. Defici.*, v. 4, n. 85, p. 416-424, 1981.

HENDERSON, S. E.; SUGDEN, D. A. *Movement Assessment Battery for Children*. London: Psychological Corporation, 1992.

HIRTZ, P.; SCHIELKE, E. O desenvolvimento das capacidades coordenativas nas crianças, nos jovens e nos adultos. *Horizonte*, n. 15, p. 83-88, 1986.

HUGHES, J. E.; RILEY, A. Basic Gross Motor Assessment: Tool for Use with Children Having Minor Motor Dysfunction. *Phys. Ther.*, n. 61, p. 503-11, 1981.

HÜNNEKENS, H.; KIPHARD, E. J.; KESSELMAN, G. Untersuchungen zur Motodiagnostik in Kindesalter. *Acta Pädopsychiat.*, v. 34, p. 17-27, 1967.

HURTADO, J. G. G. M. *O ensino da Educação Física*. Curitiba: Educa, 1983. p. 95-97.

IBGE. *Censo demográfico 2000*. Disponible en: <http:/www.ibge.gov.br>. Acceso en: 20 sept. de 2004.

JOHNK, K. Assessment of Sensorimotor Functions After Traumatic Brain Injury (TBI) in Childhood - Methodological Aspects. *Restor. Neurol. Neurosci.*, v. 14, p. 143-152, 1999.

JOHNSTON, O.; SHORT, H.; CRAWFORD, J. Poorly Coordination Children: A Survey of 95 Cases. *Child Care Health Dev.*, v. 6, n. 13, p. 361-76, 1987.

JUNG, R.; VILKNER, H. J. Testes e exercícios para controle das capacidades coordenativas. *Horizonte*, v. 4, n. 20, p. 53-62, 1987.

KALVERBOER, A. F.; DE VRIES, H.; VAN DELLEN, T. Social Behaviour in Clumsy Children as Rated by Parents and Teachers. In: KALVERBOER, A. F. (Ed.). *Developmental Biopsychology*: Experimental and Observational Studies in Children at Risk. Ann Arbor: University of Michigan, 1990.

KELSO, J. A. S.; SOUTHARD, D. L.; GOODMAN, D. On the Coordination of Two-handed Movements. *J. Exp. Psychol. Hum. Percept.*, v. 5, p. 229-238, 1979.

KIPHARD, E. J.; SCHILLING, V. F. Der Hamm-marburger-Koordinationstest fuer Kinder (HMKTK). *Monatszeitsschrift fuer Kinderheil Kunde*, n. 118, p. 473-79, 1970.

_____. *Körper-koodinations-test für Kinder KTK*: Manual Von Fridhelm Schilling. Weinhein: Beltz Test, 1974.

KIPHARD, E. J.; SCHILLING, V. F. The Body Coordination Test (BCT). *J. Phys. Edu. Recreat.*, p. 37, 1976.

_____. *Bewugungs-und Koordination-Schwächem in Grudschulater*. Hofmann Verlag: Schondorf, 1977.

_____. *Motopädagogik*. Dortmund: Modernes Lernen, s.a..

_____. The body coordination test. *Joper*, 1976.

KIRK, S. A.; GALLARGHER, J. J. *Educação da criança excepcional*. São Paulo: Martins Fontes, 1991.

KNIGHT, J. F. et al. Clumsy at Six-still Clumsy at Sixteen: The Educational and Social Consequences of Having Motor Difficulties at School. *Proceedings of the AIESEP Word convention, lough-borough University,* 1991.

KREBS, R. J. *Teorias dos Sistemas Ecológicos*: Um paradigma para o desenvolvimento Infantil. Santa Maria: Universidade federal de Santa Maria, Centro de Educação Física e Desportos, 1997.

KUCZMARSKI, R. J.; OGDEN, C. L.; GUO, S. S. 2000 CDC growth charts for the United States: Methods and Development National Center for Health Statistics. *Vital Health Stat.*, v. 11, n. 246, 2002.

LAGRANGE, G. *Manual de Psicomotricidade* (técnica de educação). Lisboa: Estampa, 1977. p. 17-33.

LAKATOS, E. M.; MARCONI, M. A. *Fundamentos de Metodologia Científica*. São Paulo: Atlas, 1991.

LARKIN, D.; HOARE, D. The Movement Approach: a Window to Understanding the Clumsy Child. In: SUMMERS, J. J. (Ed.). *Approaches to the study of motor control and learning*. Amsterdam: North-Holland, 1992. p. 413-39.

LASZLO, J. I.; BAIRSTOW, P. J. *Perceptual Motor Behaviour*: Developmental Assessment and Therapy. London: Holt, Rinehart and Winston, 1985.

LEE, W. A. Neuromotor Synergies as a Basis for Coordinated Intentional Action. *J. Mot. Behav.*, v. 16, n. 2, p. 135-70, 1984.

LESIGANG, C.; ALETSEE, S. Motoscopic-neurological and motometric investigation in children with speech disturbances. *Padiatr. Padol.*, v. 17, n. 2, p. 353-60, 1982.

LEURS, S. et al. Motor Development and Psychomotor Training for Children, Aged 7-14 Years, with Congenital Heart Diease (CHD). *Med. Sci. Sports Exerc.*, v. 34, n. 5, suplemento 1, p. S17, 2002.

LIEMOHN, W.; KNAPCZYK, D. Factor Analysis of Grosser and Fine Motor Ability in Developmentally Disable Children. *Res. Quart*, v. 45, n. 4, p. 424-32, 1974.

LOHMAN, T. G.; ROCHE, A. F.; MARTORELL, R. *Anthropometric Standartization Reference Manual*. Champaign: Human Kinetics, 1988.

LOPES, V. P. *Análise dos efeitos de dois programas distintos de Educação Física na expressão da aptidão física, coordenação e habilidades motoras em crianças do ensino primário*. 1997. Tesis (Doctorado) – Universidade do Porto. Faculdade de Ciências do Desporto e de Educação Física, Porto, 1997. p. 304.

LOPES, V. P.; MAIA, J. A. R. Efeitos do ensino no desenvolvimento da capacidade de coordenação corporal em crianças de 8 anos de idade. *Rev. Paul. Edu. Fís.*, v. 11, n. 1, p. 40-48, 1997.

LOPES, V. P. et al. Estudo do nível de desenvolvimento da coordenação motora da população escolar (6 a 10 anos de idade) da região autônoma dos Açores. *Rev. Port. Ciên. Desp.*, v. 3, n. 1, p. 47-60, 2003.

LOSSE, A. et al. Clumsiness in Children – Do They Grow Out of It? A Tem-Year Follow-up Study. *Develop. Med. Child Neurol.*, v. 33, p. 55-68, 1991.

LOSSOW, J. F. Anatomia e fisiologia humana. 5. ed. Rio de Janeiro: Guanabarakoogan, 1988.

LUCKASSON, R. et al. Mental Retardation: Definition, Classification, and Systems of Support. *Intelligence*, v. 31, p. 425-27, 2003.

MALINA, R. M.; BOUCHARD, C. Subcutaneous Fat Distribution During Growth. In: BOUCHARD, C.; JOHNSTON, F. F. *Fat Distribution During Growth and Later Health Outcomes*. New York: Alan R. Lies, 1988. p. 63-84.

MALINA, R. M. Biologically Related Correlates to Motor Development and Performance During Infancy and Childhood. In: CORBIN, C. B. (Ed.). *A Textbook of Motor Development.* 2. ed. Dubuque: Wm C. Brown Company, 1980. p. 200-211.

MANOEL, E. J. *Desenvolvimento do comportamento motor humano*: uma abordagem sistêmica. 1988. Disertación (Maestría) – Universidade de São Paulo, São Paulo, 1988.

MANTOAN, M. T. E. Educação escolar de deficientes mentais: problemas para a pesquisa e o desenvolvimento. *Cad. CEDES*, v. 19, n. 46, 1998.

MATSUDO, V. K. R.; MATSUDO, S. S. S. Avaliação e prescrição da atividade física na criança. *Rev. Assoc. Profis. Edu. Fís. Londrina*, v. 10, n. 17, p. 46-55, 1995.

MCKINLAY, I. et al. Motor Co-ordination of Children with Mild Mental Handicap. *Ups. J. Med. Sci. Suppl.*, n. 44, p. 129-135, 1987.

MEINEL, K.; SCHNABEL, G. *Motricidade I*: teoria da motricidade esportiva sob o aspecto pedagógico. Rio de Janeiro: Livros Técnicos e Científicos, 1984.

MEIRELLES, E. et al. Composição corporal de escolares de 7 a 11 anos da cidade do Rio de Janeiro. *Rev. Bras. Ciênc. Mov.*, v. 3, n. 2, p. 24-31, 1989.

MITRA, G.; MOGOS, A. *O desenvolvimento das qualidades motoras no jovem atleta.* Lisboa: Horizonte, 1982.

MIYAHARA, M.; MOBS, I. Developmental Dyspraxia and Developmental Coordination Disorder. *Neuropsyc. Ver.*, n. 5, v. 4, p. 245-68, 1995.

MJAAVATN, P. E. et al. Physical Activity and Health-Related Variables in 6-9 year-old Norwegian Children. *Med. Sci. Sports Exerc.*, v. 35, n. 5. p. S63, 2003. Suplemento 1.

MON-WILLIAMS, M. A.; WANN, J. P.; PASCAL, E. Ophthalmic Factors in Developmental Coordination Disorder. *Adapt. Phys. Activ. Quart.*, v. 11, p. 170-8, 1994.

MOTA, J. A. P. S. *Contributo para o desenvolvimento de programas de aulas suplementares de Educação Física*: estudo experimental em crianças com insuficiências de rendimento motor. 1991. Tesis (Doctorado) – FCDEF-UP, Porto, 1991.

NEUHAUSER, G. The Value of Motor Tests in Neuro-developmental Diagnosis. *Fortschr. Med.*, v. 11, n. 25, p. 1159-66, 1975.

NEWELL, K. Motor Skill Acquisition and Mental Retardation: Overview of Traditional and Current Orientation. In: CLARK, J.; HUMPHEREY, J. (Ed.). *Motor Development*: Current Selected Research, v. 1. New Jersey: Princeton, 1985. p. 183-92.

NUNES, L. R. O. P.; FERREIRA, J. R. Deficiência mental: o que as pesquisas brasileiras têm revelado. In: ALENCAR, E. M. L. S. (Org.). *Tendências e desafios da educação especial*. Brasília: SEESP, 1994. p. 51-81.

O'BEIRNE, C.; LARKIN, D.; CABLET, T. Coordination Problems and Anaerobic Performance in Children. *Adapt. Phys. Activ. Quart.*, v. 11, p. 141-9, 1994.

OMOTE, S. Deficiência e não-deficiência: recortes do mesmo tecido. *Rev. Bras. Edu. Espec.*, v. 2, p. 65-74, 1994.

ONU. Declaração dos Direitos do Deficiente. *O correio da Unesco*, Rio de Janeiro, v. 9, n. 3, p. 7, 1981.

PATON, J. R.; PAYNE, J. S.; BEIRNE-SMITH, M. *Mental Retardation*. 3. ed. Columbus: Merril, 1990.

PEREIRA, V. R. *Estudo da influência de um programa desportivo motor centrado no andebol sobre o desenvolvimento psicomotor das crianças em idade escolar 9 e 10 anos*. 1990. Tesis (Doctorado) – Universidade do Porto, Porto, 1990.

PEREIRA, V. R.; SOBRAL, F.; COELHO E SILVA, J. M. *Privação ambiental e insuficiência de coordenação na infância*. Projeto de Pesquisa. Coimbra: FCDEF, 1997. No publicado.

_____. *Privação ambiental e insuficiências no controlo motor e aprendizagem*. Coimbra, Universidade de Coimbra, Portugal, 1997. Investigación inédita. No publicado.

PEREZ GALLARDO, J. S. et al. *Educação Física*: contribuições à formação profissional. 2. ed. Ijuí: Unijuí, 1997.

PIEK, J. P.; EDWARDS, K. The Identification of Children with Development Coordination Disorder by Class and Physical Education Teachers. *Br. J. Educ. Psychol.*, n. 67, p. 55-67, 1997.

PRISTA, A. Crescimento, atividade física e aptidão física em países não-industrializados: abordagem biocultural em crianças e jovens de Moçambique. *Rev. Crít. Desp. Edu. Fís.*, n. 2, p. 85-102, 1995.

RAPP, G.; SCHODER, G. Bewegunsschache Kinder – einige diagnostiche und therapeutische Hinweise. *Die Schulwarte (Villingen)*, v. 11, p. 25-31, 1972.

RASO, L. *Educação Física de base*: relato de uma experiência. Belo Horizonte: Universidade Federal de Minas Gerais, 1984.

RICHARDSON, R. J. et al. *Pesquisa social*: métodos e técnicas. 2. ed. São Paulo: Athas, 1989. p. 287.

RODRIGUES, D. A. Atividade motora como recurso educacional para o portador de deficiência mental. In: *Congresso Brasileiro de Atividade Motora Adaptada*, 1., 1995, Campinas. *Anais...* Campinas: FEF/Unicamp, 1995.

RODRIGUES, G. M. *Da avaliação à gestão de processo*: uma proposta de instrumento para acompanhamento da inclusão contextualizada no transcorrer de atividades motoras. 2002. Tesis (Doctorado) – Faculdade de Educação Física, Universidade Estadual de Campinas, Campinas, 2002.

RODRIGUES, J. L. *Reflexões sobre programas de atendimento à adolescentes e adultos portadores de deficiência mental em instituições especializadas*: aspectos de formação e transição para a "vida ativa". 1998. Tesis (Doctorado) – Universidade Estadual de Campinas, Campinas, 1998.

RODRIGUES, P. C. *Bioestatística*. 3. ed. Niterói: EduFF, 2002. p. 89.

RÖSBLAD, B.; VON HOFSTEN, C. Repetitive Goal-directed Arm Movements in Children with Developmental Coordination Disorders: Role of Visual Information. *Adap. Phys. Activ. Quart.*, v. 11, p. 190-202, 1994.

ROSS E MARFELL-JONES, M. J. Kinanthropometry. In: MACDOUGALL, J. D.; WENGER, H. A.; GREEN, H. S. *Physiological Testing of the Athlete*. Ithaca, New York: Mouvement, 1982. p. 75-115.

RUSCH, H.; WEINECK, J. *Sportforderunterricht Lerh* – und übungstuch zur fürderung der gesundheit durch bewegung. (3 AUFL). Hofmann Verlag, Schorndorf, 1980.

RUTTER, M. Pathways from Childhood to Adult Life. *J. Child Psychol. Psychiat.*, v. 30, n. 1, p. 23-51, 1989.

SALVIA, J.; YSSELDYKE, J. E. *Avaliação em educação especial e corretiva*. 4. ed. São Paulo: Manole, 1991.

SANTOS, W. et al. A influência da ginástica olímpica na coordenação motora de crianças portadoras de deficiência mental. In: Congresso Brasileiro Multidisciplinar de Educação Especial, 2., 1999, Londrina. *Anais...* Londrina: UEL, 1999. p. 324.

SECRETARIA DA EDUCAÇÃO DO ESTADO DE SÃO PAULO. *Coordenandoria de Estudos e normas Pedagógicas*. Subsídios para a implementação da proposta curricular de Educação Física para deficientes mentais moderados. São Paulo: SE/CENP, 1984 . p. 164.

SCHENCK, K.; DEEGENER, G. On the Diagnostic Efficiency of the Bodycoordination-test for Children (KTK). *Monatsschr Kinderheilkd*, v. 126, n. 1, p. 40-3, 1978.

SCHILDER, P. *A imagem do corpo*: as energias construtivas da psique. São Paulo: Martins Fontes, 1994.

SCHIMIDT, R A.; WRISBERG, C. A. *Aprendizagem e performance motora*: uma abordagem da aprendizagem baseada no problema. 2. ed. Porto Alegre: Artes Médicas, 2003.

SCHNEIDER, F. J. Effects of Classes in "Creative Movement and Pantomime" and "Badminton" on Total-body Coordination in Older Dyslexic Boys. *Rehabilitation (Stuttg)*, v. 23, n. 4, p. 148-54, 1984.

SCHOEMAK E. R., M. M.; KALVERBOER, A. F. Social and Affective Problems of Children Who Are Clumsy: How Early Do They Begin?. *Adapt. Phys. Activ. Quart.*, v. 11, p. 130-40, 1994.

SEAMAN, J. A.; DE PAUW, K. *The new adapted physical education*: a developmental approach. 2. ed. Mountain View: Mayfield, 1989.

SHAW, L.; LEVINE, M. D.; BELFER, M. Developmental Double Jeopardy: A Study of Clumsiness and Self-esteem in Children with Learning Problems. *Develop. Behav. Pediatr.*, v. 3, p. 191-96, 1982.

SHERRIL, C. *Adapted Physical Activity, Recreation and Sport:* Crossdisciplinary and Lifespan. 5. ed. Dubuque: McGraw-Hill, 1998.

SILVA, D. R.; FERREIRA, J. S. Intervenções na Educação Física em crianças com Síndrome de Down. *Rev. Edu. Fís*. Maringá: UEM, v. 12, n. 1, p. 69-76, 2001.

SILVA, G. A. S. *Análise da coordenação ampla (grossa) em crianças de 7 a 10 anos*. São Paulo, 1989. Disertación (Maestría en Educación Física). Universidade de São Paulo, USP.

SINGER, R. N.; DICK, W. *Ensinando Educação Física*: uma abordagem sistêmica. Porto Alegre: Globo, 1980.

SMITS-ENGELSMAN, B. C. M.; HENDERSON, S. E.; MICHELS, C. G. J. The Assessment of Children with Developmental Coordination Disorders in the Netherlands: The Relationship Between the Movement Assessment Battery for Children and the Koorperkoordinations Test Fur Kinder. *Hum. Mov. Sci.*, v. 17, p. 699-709, 1998.

SMYTH, T. R.; GLENCROSS, D. J. Information Processing Déficits in Clumsy Children. *Aust. J. Psychol.*, v. 38, p. 13-22, 1986.

STIEH, J. et al. Gross and Fine Motor Development is Impaired in Children Wicyanotic Congenital Heart Disease. *Neuropediatrics*, v. 30, n. 2, p. 77-82, 1999.

SUGDEN, D. A.; WRIGHT, H. C. *Motor Coordination Disorders in Children*. London/New Delhi: Sage, 1998.

TANI, G. et al. *Educação Física Escolar*: uma abordagem desenvolvimentista. São Paulo: EPU; EDUSP, 1988.

TARGA, J. F. *Teoria da educação físico-desportiva-recreativa*. Porto Alegre: ESEF; IPA, 1973. p. 29.

TOUWEN, B. C. L. Examination of the Child with Minor Neurological Dysfunction. *Clin. Dev. Med.*, London, n. 17. SIMP/Heinemann, 1979.

ULRICH, D. A. *Test of Gross Motor Development*. Austin, TX: PROED, 1985.

VAN DELLEN, T.; GEUZE, R. H. Motor Response Processing in clumsy children. *J. Child Psychol. Psychiat.*, v. 29, p. 489-500, 1988.

WAELVELDE, H. V. et al. Aspects of the Validity of the Movement Assessment Battery for Children. *Hum. Mov. Sci.*, v. 23, p. 49-60, 2004.

WANN, J. P. Trends in the Refinement and Optimization of Fine-motor Trajectories: Observations from an Analysis of the Handwriting of Primary School Children. *J. Mot. Beh.*, v. 19, p. 13-27, 1987.

WILLIMCZIK, K. Development of Motor Control Capability (Body Coordination) of 6-to-10-years-old Children: Results of a Longitudinal Study. In: OSTYN, M.; BEUNEN, G; SIMONS, J. (Ed.). *Kinanthropometry II*. Baltimore: University Park, 1980.

WILLOUGHBY, C.; POLATAJKO, H. J. Motor Problems in Children with Developmental Coordination Disorder: Review of the Literature. *Am. J. Occup. Yher.*, v. 8, n. 49, p. 787-794, 1995.

WILMORE, J. H.; COSTILL, D. L. *Fisiologia do esporte e do exercício*. Traducción: Dr. Marcos Ikeda. 2. ed. São Paulo: Manole, 2001. p. 709.

WINNEKE, G.; HRDINA, K. G.; BROCKHAUS, A. Neuropsycho-Logical Studies in Children With Elevated Tooth-leconcentrations. *I. Pilot study. Int. Arch Occup. Environ Health*, v. 51, n. 2, p. 169-83, 1982.

WRIGTH, H. C.; SUGDEN, D. A. The Nature of Developmental Coordination Disorder: Inter-and Intragroup Differences. *Adapt. Phys. Act. Quart.*, v. 13, p. 357-71, 1996.

ZAICHKOWSKY, L. D.; ZAICHKOWSKY, L. B.; MARTINEK, T. J. Physical Activity, Motor Development Age and Sex Differences, In: LANDRY, F.; ORBAN, W. D. R. (Ed.). *Motor Learning, Sport*

Psychology, Pedagogy and Didactics of Physical Activity. Miami: Symposia Specialists, 1978.

ZITTEL, L. L. Gross Motor Assessment of Preschool Children with Special Needs: Instrument Selection considerations. *Adapt. Phys. Activ. Quart.*, v. 11, p. 245-260, 1994. Human Kinetics.

Anexos

Anexo I

FICHA DE RECOPILACIÓN DE DATOS DEL TEST K.T.K

Identificación
Nombre: Sexo: Fecha de Nacimiento:
Fecha de la Evaluación:

1. Tarea Equilibrio a la Retaguardia
2. Tarea Salto Monopedal

Trabe	1	2	3	Suma
6,0 cm				
4,5 cm				
3,0 cm				
Total				
MC1				

3. Tarea Salto Lateral

Altura	0	5	10	15	20	25	30	35	40	45	50	55	60	Suma
Derecha														
Izquierda														
Total														
MC2														

4. Tarea Transposición Lateral

Saltar 15 segundos	1	2	Suma
Total			
MC3			

Suma de CM1 hasta CM4 _____

Desplazar 20 segundos	1	2	Suma
Total			
MC4			

Total de CM _____
Clasificación _____
Evaluador(a) _____
Fecha _____/_____/_____

Anexo II

Tablas de referencia del test original – K.T.K.
Kiphard y Schilling -1974

Procedimientos:
Para evaluar la capacidad de coordinación corporal utilizando las tablas originales del estudio de Kiphard y Schilling (1974), siguen las orientaciones descriptas abajo.

Se anota el valor de cada tentativa correspondiente a cada trabe, haciéndose la suma horizontal de cada una. Después de sumar las columnas horizontales se hace la suma en la vertical, obteniéndose de esa forma el valor bruto de la tarea. Tras realizar este procedimiento, se verifica en las tablas de puntuación, referente a cada test, tanto para el sexo masculino como para el sexo femenino, en la columna izquierda, el valor correspondiente al número del escore y lo relaciona con la edad del individuo. En ese cruce de las informaciones se obtiene el Cociente Motor (CM) de la tarea.

Evaluación del Test de coordinación corporal – KTK para personas con deficiencia intelectual:
Se suman los cuatro valores de cociente motor y se verifica en la Tabla A7 el valor (escore) correspondiente a la puntuación del test. Con ese valor, se puede obtener la clasificación de la coordinación corporal del individuo en la Tabla A10.

Para niños y adolescentes de la escuela regular de enseñanza:
Los procedimientos del test KTK para evaluación de niños y adolescentes de las escuelas regulares de enseñanza son exactamente los mismos descriptos en el capítulo 5. Se utiliza la Tabla A8 para el escore correspondiente a la sumatoria de los valores de cociente motor.

Tabla A1 Equilibrio a la Retaguardia (Masculino y Femenino)

Escore \ Edad	5,0 – 5,11	6,0 – 6,11	7,0 – 7,11	8,0 – 8,11	9,0 – 9,11	10,0 – 10,11	11-0 – 11,11	12,0 – 12,11	13,0 – 14,11
0	65	60	54	49	45	41	36	31	27
1	66	62	55	50	46	42	37	32	28
2	68	63	57	51	47	43	38	33	29
3	70	64	58	52	49	44	40	34	30
4	72	65	59	53	50	45	41	35	32
5	73	66	60	54	51	47	42	36	33
6	74	67	61	55	52	48	43	37	34
7	75	68	62	56	53	49	44	38	35
8	76	69	63	57	54	50	45	39	36
9	78	70	64	58	55	51	47	40	37
10	79	72	65	59	56	52	48	41	38
11	80	73	66	60	57	53	49	43	39
12	81	74	68	61	58	54	50	44	40
13	82	75	69	62	59	55	51	45	42
14	84	76	70	63	60	56	52	46	43
15	85	78	71	64	61	58	53	47	44
16	86	79	72	65	62	59	54	48	45
17	87	80	73	67	63	60	56	49	46
18	88	81	74	68	64	62	57	50	47
19	89	82	75	69	65	63	58	51	48
20	91	83	76	70	66	64	59	52	49
21	92	84	78	71	67	65	60	52	50
22	93	85	79	72	68	66	61	53	51
23	94	87	80	73	69	67	63	54	52
24	95	88	81	74	70	68	64	56	53
25	97	89	82	75	71	69	65	57	54
26	98	90	83	76	72	70	66	59	56
27	99	91	84	77	74	72	68	61	58
28	100	92	85	79	75	73	69	62	60
29	101	93	86	80	76	74	70	63	61
30	103	95	88	81	77	76	71	64	63
31	104	96	89	82	78	77	72	66	64
32	105	97	90	83	79	77	73	67	65
33	106	98	91	84	80	78	75	69	67
34	107	99	92	85	81	79	76	70	68
35	109	100	93	86	82	80	77	72	70

Continúa

Continuación

Escore \ Edad	5,0 – 5,11	6,0 – 6,11	7,0 – 7,11	8,0 – 8,11	9,0 – 9,11	10,0 – 10,11	11-0 – 11,11	12,0 – 12,11	13,0 – 14,11
36	110	102	94	87	84	81	78	73	71
37	111	103	95	88	85	82	79	74	72
38	112	104	96	90	86	83	80	75	73
39	113	105	97	91	87	84	82	77	75
40	115	106	99	92	88	85	83	78	76
41	116	107	100	93	89	87	84	79	77
42	117	108	101	94	90	88	85	81	78
43	118	110	102	95	91	90	86	82	80
44	120	111	103	96	92	91	88	84	82
45	121	112	104	97	93	92	89	85	83
46	122	113	105	98	94	93	90	86	84
47	123	114	106	99	95	93	91	88	85
48	124	115	107	100	96	94	92	89	87
49	125	117	109	102	97	95	93	91	88
50	127	118	110	103	98	96	95	92	90
51	128	119	111	104	99	97	96	93	91
52	129	120	112	105	100	98	97	95	92
53	130	121	113	106	101	99	98	96	94
54	131	122	114	107	103	100	99	97	95
55	132	124	115	108	104	101	101	99	96
56	133	125	116	109	105	102	102	100	98
57	134	126	117	110	106	103	103	102	99
58	135	128	119	111	107	104	104	103	100
59	136	129	120	112	108	105	105	104	102
60	137	130	121	114	109	106	106	106	103
61	138	131	122	115	110	107	108	107	105
62	139	132	123	116	111	108	109	109	106
63	140	133	124	117	112	109	110	110	107
64	141	134	125	118	113	110	111	111	109
65	142	135	126	119	114	111	112	113	110
66	143	137	128	120	115	112	113	114	111
67	144	138	129	121	116	114	115	115	113
68	145	139	130	122	117	116	116	117	114
69		140	131	123	118	117	117	118	115
70		141	132	124	119	118	118	120	117
71		142	133	125	121	119	119	121	118
72		143	134	126	122	121	121	122	119

Tabla A2 Salto Monopedal (Masculino)

Escore	Edad	5,0 – 5,11	6,0 – 6,11	7,0 – 7,11	8,0 – 8,11	9,0 – 9,11	10,0 – 10,11	11,0 – 11,11	12,0 – 12,11	13,0 – 14,11
0		77	75	62	52	48	41	27	21	10
1		79	76	63	53	49	42	28	22	11
2		80	77	64	54	50	43	29	23	12
3		82	78	65	55	51	44	30	24	13
4		83	79	66	56	52	45	31	25	14
5		85	80	68	57	53	46	32	26	15
6		87	81	69	58	54	47	33	27	16
7		89	82	70	60	55	48	34	28	17
8		91	83	71	61	56	49	35	29	18
9		93	84	72	62	57	50	36	30	19
10		94	85	73	63	58	51	37	31	20
11		96	86	74	64	59	51	38	32	21
12		98	88	75	65	60	52	39	34	22
13		99	89	77	66	61	53	40	35	23
14		101	90	78	67	62	54	41	36	24
15		103	91	79	68	63	55	42	37	25
16		104	92	80	69	64	56	43	38	26
17		106	93	81	70	65	57	44	39	27
18		108	94	82	71	66	58	45	40	28
19		110	95	83	72	67	59	46	41	29
20		112	96	84	73	68	60	47	42	30
21		113	97	85	74	69	61	48	43	31
22		115	98	86	75	70	62	49	45	32
23		116	99	87	76	71	63	50	46	33
24		118	100	88	77	72	64	51	47	34
25		120	101	90	78	73	66	52	48	35
26		122	102	91	79	74	67	53	49	36
27		124	103	92	80	75	68	54	50	37
28		125	104	93	82	76	69	56	51	38
29		127	105	94	83	77	70	57	553	39
30		128	106	95	84	78	71	58	54	40
31		129	108	96	85	79	72	59	55	41
32		130	109	97	86	80	73	60	56	42
33		132	110	98	87	81	74	62	58	43
34		133	111	100	88	82	75	63	59	44
35		134	112	101	89	83	76	64	60	45
36		135	113	102	90	84	77	65	61	46
37		135	114	103	91	85	78	67	63	47

Continúa

Continuación

Escore \ Edad	5,0 – 5,11	6,0 – 6,11	7,0 – 7,11	8,0 – 8,11	9,0 – 9,11	10,0 – 10,11	11,0 – 11,11	12,0 – 12,11	13,0 – 14,11
38	136	115	104	92	86	79	68	64	48
39	137	116	105	93	87	80	69	65	49
40	137	117	106	94	88	81	71	66	50
41	138	118	107	95	88	82	72	67	51
42	139	119	108	97	89	83	73	68	52
43	140	120	109	98	90	84	74	70	53
44	141	121	111	99	91	85	76	71	54
45	142	122	112	100	92	86	77	72	55
46	143	124	113	101	93	87	78	74	56
47	145	125	114	102	94	88	80	75	57
48	146	126	115	103	95	89	81	77	58
49	147	127	116	104	96	90	82	78	59
50	148	128	117	105	97	91	83	79	61
51	149	129	118	106	98	92	85	80	63
52	150	130	119	107	99	93	86	82	64
53		131	121	108	100	94	87	83	66
54		132	122	109	101	95	89	84	68
55		133	123	110	102	96	90	85	70
56		134	124	111	103	97	91	87	72
57		135	125	113	104	98	92	88	74
58		136	126	114	105	99	94	89	76
59		137	127	115	106	100	95	91	77
60		138	128	116	107	101	96	92	79
61		139	129	117	108	102	98	93	81
62		140	130	118	109	103	99	94	83
63		141	132	119	110	104	100	96	85
64		142	133	120	111	105	101	97	86
65		143	134	121	112	106	103	98	88
66		144	135	122	113	107	104	99	90
67		145	136	123	114	109	105	101	92
68		146	137	124	115	110	107	102	93
69		147	138	125	116	111	108	103	95
70		148	139	127	117	112	109	104	97
71		149	140	128	118	113	110	106	99
72		150	141	129	119	114	112	107	101
73			142	130	120	115	113	108	103
74			143	131	121	116	114	110	104
75			144	132	122	117	116	111	106
76			145	133	123	118	117	112	108
77			146	134	124	119	118	113	110
78			147	135	125	120	119	115	111

Tabla A3 Salto Monopedal (Femenino)

Escore \ Edad	5,0 – 5,11	6,0 – 6,11	7,0 – 7,11	8,0 – 8,11	9,0 – 9,11	10,0 – 10,11	11,0 – 11,11	12,0 – 12,11	13,0 – 14,11
0	70	55	53	51	43	35	31	22	11
1	71	56	54	52	44	36	32	23	12
2	72	57	55	53	45	37	33	24	13
3	73	58	56	54	46	38	34	25	14
4	75	59	57	55	47	39	36	26	15
5	77	60	59	57	48	40	37	27	16
6	78	61	60	58	49	41	38	28	17
7	80	62	61	60	50	42	39	29	18
8	81	63	62	61	51	43	40	30	19
9	83	64	63	62	52	44	42	31	20
10	84	65	65	63	53	45	43	32	21
11	86	66	66	64	54	46	44	33	22
12	87	67	68	65	55	47	45	34	23
13	89	69	69	66	56	48	46	35	24
14	90	70	70	67	57	49	47	36	25
15	92	72	71	68	58	50	48	37	26
16	93	73	73	69	59	51	49	38	27
17	95	75	74	71	60	52	50	39	28
18	96	76	75	72	61	53	51	40	29
19	98	78	77	73	62	54	52	41	30
20	99	79	78	74	63	55	53	42	31
21	101	80	79	75	64	56	54	43	32
22	103	82	81	76	65	57	55	44	33
23	104	83	82	77	66	58	55	45	34
24	106	85	83	79	68	59	56	46	35
25	107	87	84	81	69	60	57	47	36
26	109	88	86	81	70	61	58	48	37
27	110	89	87	82	71	62	59	49	38
28	112	91	88	83	72	63	60	50	39
29	113	92	89	84	73	64	61	50	40
30	114	94	91	85	74	65	62	51	41
31	115	95	92	87	75	66	63	51	42
32	117	97	93	88	76	67	64	52	43
33	118	98	95	89	77	68	66	53	44
34	120	99	96	90	78	69	67	53	45
35	122	101	97	91	79	70	68	54	46
36	123	102	98	92	80	71	69	54	47
37	125	104	100	94	81	72	70	55	48
38	126	105	101	95	82	73	71	55	49

Continúa

Continuación

Escore \ Edad	5,0 - 5,11	6,0 - 6,11	7,0 - 7,11	8,0 - 8,11	9,0 - 9,11	10,0 - 10,11	11-0 - 11,11	12,0 - 12,11	13,0 - 14,11
39	128	107	102	96	83	74	72	55	50
40	129	108	103	97	84	75	73	55	51
41	131	110	105	98	85	76	75	56	51
42	132	111	106	99	86	77	76	56	52
43	134	113	107	100	88	78	77	57	53
44	135	114	109	102	89	79	78	57	54
45	137	115	110	103	90	80	79	58	54
46	138	117	111	104	91	82	81	58	55
47	139	118	112	105	92	83	82	59	56
48	140	120	114	106	93	84	83	60	56
49	141	121	115	107	94	85	84	60	57
50	143	123	116	109	95	86	85	61	58
51	144	125	117	110	96	87	86	63	59
52	146	126	119	111	97	88	87	65	60
53	147	127	120	112	98	89	88	67	61
54	148	128	121	113	99	90	90	69	62
55	150	130	123	114	100	92	91	71	63
56		131	125	115	101	93	92	73	64
57		133	126	117	102	94	93	75	65
58		134	127	118	103	95	94	77	68
59		136	128	119	104	96	96	79	70
60		137	129	120	105	97	97	81	72
61		138	130	121	107	99	98	83	75
62		139	131	122	108	100	99	85	78
63		140	132	124	109	101	100	87	80
64		142	134	125	110	102	101	89	82
65		143	135	126	111	103	102	92	85
66		144	136	127	112	104	103	94	87
67		145	137	128	113	106	104	96	90
68		146	139	129	114	107	106	98	92
69		147	140	131	115	109	107	100	94
70		148	141	132	116	110	108	102	97
71		149	142	133	117	112	109	104	99
72		150	143	134	118	113	110	106	102
73			144	135	119	115	111	108	104
74			145	136	120	116	113	110	106
75			147	138	121	118	114	112	109
76			148	139	122	119	115	114	111
77			149	140	123	121	116	116	114
78			150	141	124	122	117	117	116

Tabla A4 Salto Lateral (Masculino)

Escore \ Edad	5,0 – 5,11	6,0 – 6,11	7,0 – 7,11	8,0 – 8,11	9,0 – 9,11	10,0 – 10,11	11,0 – 11,11	12,0 – 12,11	13,0 – 14,11
0	54	50	47	43	37	29	24	20	16
1	55	51	48	44	38	30	25	21	17
2	56	52	49	45	39	31	26	22	18
3	57	53	50	46	40	32	27	23	19
4	58	54	52	47	41	33	29	24	20
5	60	55	53	48	42	34	30	25	21
6	61	57	54	49	43	35	31	26	22
7	62	59	55	50	44	36	32	27	23
8	63	60	56	51	45	37	33	28	24
9	65	62	57	52	46	38	34	30	25
10	66	64	59	53	47	39	35	31	26
11	67	66	60	55	48	40	36	32	27
12	70	67	62	56	49	41	37	33	28
13	72	69	63	57	50	42	38	35	29
14	74	70	64	58	52	43	40	36	30
15	76	72	65	59	53	44	41	37	31
16	78	74	67	60	55	45	42	38	32
17	80	76	68	61	57	46	43	39	33
18	83	77	70	63	58	47	44	40	34
19	85	78	72	64	60	48	46	41	35
20	87	80	74	65	62	49	47	42	36
21	89	82	75	67	64	50	48	43	37
22	92	84	77	68	65	52	49	45	38
23	95	86	78	70	67	53	50	46	39
24	97	88	80	71	69	54	51	47	40
25	99	89	81	72	70	55	52	48	42
26	101	90	83	73	72	56	53	49	43
27	103	93	84	75	73	57	55	50	44
28	106	95	86	76	74	58	56	51	45
29	108	97	87	77	75	59	57	52	46
30	110	98	89	78	76	61	58	53	47
31	112	100	90	80	77	62	59	54	48
32	115	101	92	81	78	63	60	55	49
33	117	102	93	82	79	65	61	56	50
34	120	103	95	83	80	66	62	57	51
35	122	104	96	85	81	67	63	58	52
36	125	106	98	86	82	68	64	59	54
37	127	107	99	87	84	70	66	60	55
38	129	108	101	89	85	71	67	61	57
39	131	109	102	90	86	72	68	62	58
40	134	110	104	91	87	74	69	63	59
41	136	112	105	92	88	75	71	64	60
42	138	113	107	94	89	76	72	65	61
43	139	114	108	95	90	77	73	66	63
44	140	115	110	96	92	79	75	67	64
45	141	116	111	98	93	80	76	68	66
46	142	118	113	99	94	81	77	69	67
47	143	119	114	100	95	83	78	70	68
48	144	120	116	102	96	84	80	72	69
49	145	122	117	103	97	85	81	73	70
50		123	119	104	98	87	82	75	71
51		124	120	105	100	88	84	76	73
52		125	122	107	101	89	85	78	74
53			123	108	102	90	86	79	76

Continúa

Continuación

Escore	5,0 - 5,11	6,0 - 6,11	7,0 - 7,11	8,0 - 8,11	9,0 - 9,11	10,0 - 10,11	11,0 - 11,11	12,0 - 12,11	13,0 - 14,11
53		126	124	109	103	92	88	80	77
54		127	125	111	104	93	89	81	79
55		128	126	112	105	94	90	83	80
56		130	127	113	106	96	91	84	81
57		132	128	114	108	97	93	85	83
58		133	129	116	109	98	94	87	85
59		135	130	117	110	99	95	88	86
60		136	131	119	111	101	97	89	88
61		137	132	120	112	102	98	91	89
62		139	133	121	113	103	99	92	91
63		140	135	123	114	105	100	94	92
64		141	136	124	115	106	102	95	93
65		143	137	125	117	107	103	96	95
66		144	139	126	118	109	104	98	96
67		145	140	127	119	110	106	99	98
68			141	129	120	111	107	100	99
69			142	131	121	112	108	102	101
70			143	131	123	114	109	103	103
71			144	132	124	115	110	104	104
72			145	134	125	116	112	106	105
73				135	126	118	113	107	107
74				136	127	119	115	109	108
75				138	129	120	116	110	109
76				139	130	121	117	111	110
77				141	131	123	118	113	112
78				142	132	124	120	114	113
79				143	133	125	121	115	114
80				144	134	127	122	117	115
81				145	135	128	123	118	117
82					136	129	125	119	118
83					137	130	126	121	120
84					138	132	127	122	121
85					139	133	129	123	122
86					140	135	130	125	124
87					141	136	131	126	125
88					143	137	132	127	126
89					144	139	134	128	127
90					145	140	135	130	128
91						142	136	131	129
92						143	138	133	130
93						145	139	134	131
94							140	135	133
95							141	137	135
96							143	138	136
97							144	140	137
98							145	141	138
99								143	139
100								144	140
101								145	141
102									143
103									143
104									144
105									145

Tabla A5 Salto Lateral (Femenino)

Escore \ Edad	5,0 – 5,11	6,0 – 6,11	7,0 – 7,11	8,0 – 8,11	9,0 – 9,11	10,0 – 10,11	11,0 – 11,11	12,0 – 12,11	13,0 – 14,11
0	59	51	42	36	28	21	16	11	6
1	60	52	43	37	29	22	17	12	7
2	61	53	44	39	30	23	18	13	8
3	62	55	45	40	31	24	19	14	9
4	64	56	46	42	32	25	20	15	10
5	65	57	47	43	33	26	21	16	11
6	66	59	48	44	34	27	22	17	12
7	68	60	49	45	35	28	23	18	13
8	69	61	50	47	36	30	24	20	14
9	70	62	51	48	37	31	25	21	15
10	71	63	52	49	38	32	26	22	16
11	72	64	53	50	39	33	27	23	17
12	73	65	55	51	40	34	28	24	18
13	74	66	56	53	41	35	30	25	20
14	75	67	57	55	42	36	31	26	21
15	76	68	59	56	43	37	32	27	22
16	78	69	60	57	44	38	33	28	23
17	80	70	62	59	45	39	34	29	24
18	82	72	63	60	46	40	35	30	25
19	83	74	65	61	47	41	36	31	26
20	85	75	66	63	48	42	37	32	27
21	87	76	67	65	49	43	38	33	28
22	89	77	69	67	50	44	39	34	30
23	91	78	70	68	51	45	40	35	31
24	93	79	72	69	52	46	42	36	32
25	95	80	73	70	53	47	43	37	33
26	97	81	75	71	54	48	44	38	34
27	99	83	76	73	55	49	45	39	35
28	101	85	78	74	56	50	46	40	36
29	103	86	79	76	57	51	47	41	37
30	105	88	81	77	58	53	48	43	38
31	106	90	82	78	59	54	49	44	39
32	108	91	84	79	60	55	50	45	41
33	110	93	85	81	61	56	51	46	42
34	112	95	86	82	62	58	53	47	43
35	114	96	88	83	63	59	55	48	44
36	116	98	89	85	64	60	57	49	45
37	118	100	91	86	66	62	60	50	46
38	120	101	92	87	67	63	62	51	47
39	122	103	94	88	69	65	64	52	48
40	124	104	95	90	70	67	66	53	49
41	126	106	97	91	71	68	67	54	50
42	127	107	98	92	73	69	68	55	51
43	129	109	100	94	74	70	69	56	52
44	131	111	101	95	76	71	71	57	54
45	133	113	103	96	77	72	72	59	55
46	135	114	104	97	78	73	73	60	57
47	137	116	106	99	80	75	74	61	59
48	138	118	107	100	81	76	76	63	60
49	139	120	109	101	83	77	77	64	61
50	140	121	110	103	84	80	79	65	63
51	141	123	112	104	85	81	80	66	64
52	142	124	113	105	87	82	81	68	66
53	143	126	115	106	88	83	82	70	67

Continúa

Escore	5,0 – 5,11	6,0 – 6,11	7,0 – 7,11	8,0 – 8,11	9,0 – 9,11	10,0 – 10,11	11,0 – 11,11	12,0 – 12,11	13,0 – 14,11
54	144								
55	145								
56									
57									
58									
59									
60									
61									
62									
63									
64									
65									
66									
67									
68									
69									69
70									70
71								71	72
72								73	73
73								74	74
74								76	76
75								77	77
76								79	79
77							84	80	80
78							85	82	81
79							86	83	82
80							87	85	83
81						84	87	86	84
82						85	89	88	85
83						87	89	90	86
84						88	90	91	87
85					90	89	91	93	88
86					92	91	92	95	89
87					93	92	94	96	91
88					95	93	95	98	92
89					96	94	96	99	94
90					97	95	97	101	95
91					99	97	99	103	96
92				108	100	98	100	104	97
93				109	102	99	101	106	98
94				110	103	101	103	107	99
95				112	105	102	104	109	100
96				113	106	103	105	111	101
97				114	108	104	106	112	103
98				115	109	105	108	114	104
99				116	110	107	109	115	105
100				118	112	108	110	117	107
101				119	113	110	111	119	108
102				121	115	111	113	120	109
103				122	116	112	114	122	110
104				123	118	114	115	123	111
105				124	119	115	116	125	112
106				126	121	117	117	126	113
107				127	122	118	118	128	114
108				128	123	119	120	130	115
109				129	125	121	121	131	116
110				130	126	122	122	132	117
111				131	127	123	123	134	118
112				132	129	124	125	135	119
113				133	130	125	127	136	120
114				134	131	127	128	137	122
115				135	132	128	129	138	123
116				136	133	129	130	139	124
117				137	135	130	131	140	125
118				138	136	132	132	141	127
119				139	137	133	133	143	128
120				140	139	135	135	144	130
121				141	140	136	136	145	131
122				143	141	138	138		132
123				144	142	139	139		133
124				145	143	140	140		134
125					144	141	141		136
126					145	142	142		137
127			116			143	143		
128			117			144	145		
129			119			145			
130			120						
131			121						
132			123						
133			125						
134			126						
135			128						
136			129						
137			131						
138			132						
139			133						
140			135						
141			136						
142			138						
143			139						
144			141						
145			142						

Tabla A6 Transposición Lateral (Masculino y Femenino)

Escore	5,0 – 5,11	6,0 – 6,11	7,0 – 7,11	8,0 – 8,11	9,0 – 9,11	10,0 – 10,11	11-0 – 11,11	12,0 – 12,11	13,0 – 14,11
1	50	44	39	35	31	27	23	20	16
2	51	45	40	36	32	28	24	21	18
3	52	46	41	37	33	29	26	22	19
4	53	47	42	38	34	31	27	24	20
5	54	48	43	39	35	32	28	25	21
6	55	49	45	40	36	33	29	26	23
7	56	50	46	42	38	34	31	27	24
8	58	51	47	43	39	36	32	28	25
9	60	52	48	44	40	37	33	29	26
10	62	53	49	45	41	38	34	30	27
11	65	54	50	46	42	39	35	32	28
12	67	55	51	47	43	40	36	33	29
13	69	57	53	48	45	41	37	34	30
14	70	60	54	49	46	42	38	35	32
15	73	62	55	50	47	43	39	36	33
16	75	63	57	51	48	44	40	37	34
17	78	64	58	52	49	46	41	38	35
18	80	65	59	53	50	47	42	39	36
19	82	68	60	54	51	48	44	40	37
20	84	71	62	56	52	49	45	41	38
21	86	73	65	57	54	50	46	42	39
22	89	75	67	58	55	52	47	43	40
23	91	77	69	60	56	54	48	45	42
24	93	80	72	61	58	56	49	46	43
25	95	82	74	63	60	58	50	47	44
26	97	85	76	66	62	60	53	48	45
27	99	87	79	69	64	62	55	49	46
28	102	90	81	71	67	64	57	50	48
29	104	92	84	74	69	66	59	52	49
30	106	94	86	76	71	67	61	53	50
31	108	97	88	79	73	69	63	55	52
32	110	99	91	81	75	70	66	56	55
33	112	102	93	84	77	71	68	57	57
34	115	104	96	86	79	72	70	59	59
35	117	106	98	89	82	73	72	61	61
36	119	109	100	91	84	74	75	64	63
37	121	111	103	94	86	76	77	67	65

Continúa

Continuación

Edad / Escore	5,0 - 5,11	6,0 - 6,11	7,0 - 7,11	8,0 - 8,11	9,0 - 9,11	10,0 - 10,11	11,0 - 11,11	12,0 - 12,11	13,0 - 14,11
38	123	114	105	96	88	77	79	69	68
39	125	116	107	99	90	79	81	71	70
40	128	119	110	101	92	82	83	74	72
41	129	121	112	104	94	84	86	76	74
42	130	123	115	106	96	87	88	79	77
43	132	126	117	109	99	89	90	81	79
44	133	128	119	111	101	92	92	84	82
45	135	131	122	113	103	95	95	86	84
46	137	132	124	116	105	97	97	88	87
47	139	133	127	118	107	100	99	91	89
48	141	135	129	121	109	102	101	93	89
49	142	136	131	123	111	105	104	96	93
50	144	138	134	126	114	107	106	98	95
51	145	139	136	128	116	110	108	101	98
52		141	138	131	118	112	110	103	101
53		143	141	133	120	115	112	105	103
54		145	143	136	122	117	115	108	105
55			144	138	124	120	117	110	108
56			145	140	126	122	119	113	110
57				143	129	125	121	115	113
58				144	131	127	124	118	115
59				145	133	130	126	120	117
60					135	132	129	122	120
61					137	135	131	125	122
62					139	138	133	127	125
63					141	140	135	130	127
64					143	143	137	132	129
65					145	144	138	135	130
66						145	140	137	131
67							141	139	132
68							143	140	133
69							145	141	134
70								143	136
71								144	137
72								145	139
73									140
74									142
75									143
76									145

Tabla A7 Sumatoria de CML – CM4 (Masculino y Femenino)

Sumatoria CM1 – CM4	Escore	Sumatoria CM1 – CM4	Escore
100 – 103	42	307 –310	96
104 – 107	43	311 –314	97
108 – 111	44	315 –318	98
112 – 114	45	319 –322	99
115 – 118	46	323 –326	100
119 – 122	47	327 –329	101
123 – 126	48	330 –333	102
127 – 130	49	334 –337	103
131 – 134	50	338 –341	104
135 – 137	51	342 –345	105
138 – 141	52	346 –349	106
142 – 145	53	350 –353	107
146 – 149	54	354 –356	108
150 – 153	55	357 – 360	109
154 – 157	56	361 –364	110
158 – 160	57	365 –368	111
161 – 164	58	369 –372	112
165 – 168	59	373 –376	113
169 – 172	60	377 –379	114
173 – 176	61	380 –383	115
177 – 180	62	384 –387	116
181 – 183	63	388 –391	117
184 – 187	64	392 –395	118
188 – 191	65	396 –399	119
192 – 195	66	400 - 402	120
196 – 199	67	403 –406	121
200 – 203	68	407 –410	122
204 –207	69	411 –414	123
208 – 210	70	415 –418	124
211 – 214	71	419 –422	125
215 – 218	72	423 –425	126
219 –222	73	426 –429	127
223 – 226	74	430 –433	128
227 – 230	75	434 –437	129
231 – 233	76	438 –441	130
234 –237	77	442 –445	131
238 –241	78	446 –449	132
242 – 245	79	450 –452	133
246 – 249	80	453 –456	134
250 –253	81	457 –460	135
254 – 256	82	461 –464	136
257 –260	83	465 –468	137
261 – 264	84	469 –472	138
265 – 268	85	473 –475	139
269 –272	86	476 –479	140
273 –276	87	480 –483	141
277 –280	88	484 –487	142
281 – 283	89	488 –491	143
284 – 287	90	492 – 495	144
288 – 291	91	496 – 498	145
292 – 295	92	499 –502	146
296 – 299	93	503 –506	147
300 – 303	94	507 –509	148
304 - 306	95		

Tabla A8 Porcentaje de la sumatoria de CMs (Masculino y Femenino)

Sumatoria CM1-CM4	Escore	Sumatoria CM1-CM4	Escore
215-217	40	390-392	97
218-220	41	393-395	98
221-223	42	396-398	99
224-226	43	399-402	100
227-229	44	403-405	101
230-232	45	406-408	102
233-235	46	409-410	103
236-238	47	411-413	104
239-241	48	414-417	105
242-244	49	418-420	106
245-248	50	421-423	107
249-251	51	424-426	108
252-253	52	427-429	109
254-256	53	430-433	110
257-259	54	434-436	111
260-262	55	437-439	112
263-265	56	440-442	113
266-268	57	443-445	114
269-271	58	446-448	115
272-274	59	449-451	116
275-278	60	452-454	117
279-281	61	455-457	118
282-284	62	458-460	119
285-287	63	461-464	120
288-290	64	465-467	121
291-293	65	468-470	122
294-296	66	471-473	123
297-299	67	474-476	124
300-302	68	477-479	125
303-305	69	480-482	126
306-309	70	483-485	127
310-312	71	486-488	128
313-315	72	489-491	129
316-318	73	492-495	130
319-321	74	496-498	131
322-324	75	499-501	132
325-327	76	502-504	133
328-330	77	505-507	134
331-333	78	508-510	135
334-336	79	511-513	136
337-340	80	514-516	137
341-343	81	517-519	138
344-346	82	520-522	139
347-349	83	523-526	140
350-352	84	527-529	141
353-355	85	530-532	142
356-358	86	534-536	143
359-361	87	537-539	144
362-364	88	541-543	145
365-367	89	544-546	146
368-371	90	547-549	147
372-374	91	550-552	148
375-377	92	553-555	149
378-380	93	556-559	150
381-383	94		
384-386	95		
387-389	96		

Tabla A9 Porcentaje de la sumatoria de CMs (Masculino y Femenino)

CM	%	CM	%
<=62	0	116	85
63	1	117	87
64	1	118	88
65	1	119	89
66	1	120	91
67	1	121	92
68	2	122	93
69	2	123	94
70	2	124	95
71	3	125	95
72	3	126	96
73	3	127	96
74	4	128	97
75	4	129	97
76	5	130	98
77	7	131	98
78	7	132	99
79	8	133	99
80	9	134	99
81	10	135	99
82	12	136	99
83	13	>=137	100
84	15	100	50
85	16	101	53
86	18	102	56
87	20	103	58
88	21	104	60
89	22	105	63
90	24	106	66
91	27	107	69
92	29	108	71
93	31	109	73
94	34	110	75
95	36	111	77
96	39	112	79
97	42	113	81
98	45	114	82
99	48	115	84

Tabla A10 Clasificación del Test de Coordinación Corporal - KTK

CM	Clasificación	Desviación Estándar	Porcentaje
131 – 145	Muy buena coordinación	+3	99 – 100
116 – 130	Buena coordinación	+2	85 – 98
86 – 115	Coordinación normal	+1	17 – 84
71 – 85	Perturbación en la coordinación	-2	3 – 16
56 - 70	Insuficiencia en la coordinación	-3	0 - 2

Sobre el Libro

Formato: 17 x 24 cm
Mancha: 12 x 19 cm
Tipología: Times New Roman
Papel: Offset: 90 g
nº páginas: 160
2ª edición: 2010

Equipe de Realización
Nathalia Ferrarezi (Asistente editorial)
Carol Fernandes (Cubierta)
Caroline Duran - feira livre design (Diagramación)
David Menezes (Proyecto gráfico y tratamiento de imágenes)

Impresión
Prol Editora Gráfica